Beim Abnehmen stellt der kleine Hunger für viele Menschen oft die größte Schwierigkeit dar und bei dem vielfältigen Angebot an Snacks und kleinen Gerichten fällt es oft schwer, die richtige Wahl zu treffen.

- Die Snacks in diesem Kochbuch sind hervorragende Alternativen zu Burger, Pizza, Leberkäsesemmel und Co.
- Sie haben nicht nur weitaus weniger Kalorien und Fett, sondern liefern darüber hinaus durch die bewusste Auswahl der Zutaten reichlich günstige Inhaltsstoffe wie Vitamine, Mineralstoffe und sekundäre Pflanzenstoffe.
- Sie eignen sich auch hervorragend zur Bewirtung von Gästen und für Buffets.
- Viele Ernährungsexperten empfehlen, die klassischen drei Hauptmahlzeiten durch fünf kleinere Mahlzeiten zu ersetzen. Der Vorteil ist, dass dadurch keine übermäßigen Hungergefühle entstehen.

Bildnachweis

Titelbild: Peter Bárci, Wien
S. 3 oben: ©stockbyte
S. 8 Kneipp-Verlag
S. 9 Kneipp-Verlag
alle anderen Bilder Peter Bárci, Wien

ISBN 3-7088-0011-7

Autoren: Univ.-Doz. Mag. Dr. Ingrid Kiefer
Mag. Theres Rathmanner
Univ.-Prof. Dr. med. Michael Kunze

Layout, Satz, technische Bearbeitung: Hubert Liebenberger, Kneipp-Verlag

Druck: Theiss GmbH, A-9431 St. Stefan

1. Auflage Leoben, Jänner 2006

Univ.-Doz. Mag. Dr. Ingrid Kiefer
Mag. Theres Rathmanner
Univ.-Prof. Dr. med. Michael Kunze

ABNEHMEN MIT ERFOLG

Kleine Snacks und fettarme Aufstriche

Inhalt

REZEPTE

Süße Aufstriche

Schlank ohne Diät mit kleinen Snacks und fettarmen Aufstrichen

Unsere Ernährungsgewohnheiten sind Trends und Veränderungen unterworfen. Ein wichtiger Trend der letzten Jahre ist die Abkehr von den klassischen Hauptmahlzeiten und die Zunahme des „Snackings“. Immer weniger Menschen haben geregelte Mahlzeiten. Berufstätigkeit, Mehrfachbelastung und Zeitdruck führen dazu, dass statt der klassischen drei Hauptmahlzeiten oft mehrere schnelle, kleine Gerichte verzehrt werden.

Vieles, was wir schnell zwischendurch essen, ist allerdings reich an Energie, Fett und/oder Zucker und gleichzeitig arm an Vitaminen und Mineralstoffen. Viele Snacks sind oft üppiger als ganze Hauptmahlzeiten. Weil man keine Zeit für eine „richtige“ Mahlzeit hat, isst man oft unbewusst, ohne sich Gedanken über den Nähr- und Gesundheitswert der konsumierten Speisen zu machen. Der unkontrollierte Konsum von Lebensmitteln kann allerdings die Entstehung von Übergewicht begünstigen.

Gleichzeitig stellt der kleine Hunger zwischendurch für viele die größte Schwierigkeit beim Abnehmen dar. Das vielfältige Angebot an Snacks und kleinen Gerichten macht es einem besonders schwer, die richtige Wahl zu treffen.

„Snacking“, also das Zwischendurch-Essen, ist allerdings nicht grundsätzlich abzulehnen. Viele Ernährungsexperten empfehlen sogar, die klassischen drei Hauptmahlzeiten durch fünf kleinere Mahlzeiten zu ersetzen. Der Vorteil ist, dass dadurch keine übermäßigen Hungergefühle entstehen, die häufig zu Essanfällen führen. Vielen hilft die Strategie mehrerer kleiner Mahlzeiten beim Abnehmen.

Für andere ist gerade Zwischendurch-Essen oft die Einleitung zu einem Essanfall, für diese Personen ist es günstiger, sich an geregelte Mahlzeiten zu halten.

Das Schlank-ohne-Diät-Kochbuch „Kleine Snacks und fettarme Aufstriche“ ist eine Hilfe für den kleinen Hunger zwischendurch. Es enthält über 80 Rezepte für Aufstriche und Gebäck, warme, kalte und süße Snacks sowie kleine Gerichte, die sich zum Mitnehmen eignen. Allen Gerichten ist gemeinsam, dass sie arm an Energie, Fett und Zucker sind und den Anforderungen der modernen Ernährungswissenschaft gerecht werden.

Das Prinzip von Schlank ohne Diät

Schlank ohne Diät ist ein seit Jahren erfolgreich durchgeführtes Abnehmprogramm, das vom Institut für Sozialmedizin der Medizinischen Universität Wien erarbeitet wurde. Es ist ein umfangreiches, wissenschaftlich fundiertes Konzept, das eine Umstellung der Lebensweise zum Ziel hat. Mit einer Änderung Ihres Ernährungs- ebenso wie Ihres Bewegungs- und Essverhaltens können Sie lernen, Ihr Körpergewicht in den Griff zu bekommen.

Schlank ohne Diät ist – wie der Name schon sagt – keine Diät, sondern eine Lebensstiländerung, die langfristig beibehalten werden soll. Es ist also ein Langzeitprogramm, das unterscheidet es erheblich von einem Großteil aller Diäten, die man nach mehr oder weniger langer Dauer schließlich beendet.
In vielen Fällen tritt danach der so genannte „Jo-Jo-Effekt" ein: Man nimmt wieder zu. Um das zu vermeiden, kommen bei Schlank ohne Diät bestimmte Prinzipien zur Anwendung, die ohne Leidensdruck und mit möglichst geringer Einschränkung der Lebensqualität durchgeführt werden können. So gibt es weder Verbote noch Gebote.

Sie müssen auf nichts verzichten, ebenso wenig sollen Sie plötzlich Lebensmittel essen, die Ihnen nicht schmecken. Vielmehr sollen Sie auf Alternativen aufmerksam gemacht werden, die sowohl dem Abnehmen dienlich sind als auch schmecken. Essen soll Freude bereiten, der Genuss darf nicht zu kurz kommen. Diese Strategien erleichtern Ihnen die Durchführung des Programms und erhöhen die Chance erheblich, Ihr neu erlangtes Körpergewicht auch dauerhaft zu halten.

Das Prinzip von Schlank ohne Diät beruht auf den drei Säulen Ernährung, Bewegung und Verhaltensänderung. Im Bereich Ernährung gibt es zwei Ziele: Zum einen gibt es die Anleitung, wie Sie den Energie- und Fettgehalt Ihrer Ernährung verringern können, um dadurch abzunehmen, zum anderen sollen aber auch die Grundzüge einer gesunden Ernährung vermittelt werden.

Dieses Kochbuch ist als weitere Anregung und Hilfestellung für den Bereich Ernährung gedacht. Die jahrelange Erfahrung in der Beratung hat gezeigt, dass besonders die Umsetzung der Abnehm-Tipps in die Praxis schwer fällt. Beim Durchblättern und Nachkochen der Rezepte können Sie erkennen, dass gesunde, kalorienarme Ernährung nicht aufwändig sein muss und – was uns ein besonderes Anliegen ist – gut schmeckt.

Essen dient aber nicht nur der Nahrungsaufnahme, sondern erfüllt eine Reihe weiterer Funktionen: Eine im Kreis der Familie eingenommene Mahlzeit oder ein Essen mit Freunden hat beispielsweise einen hohen sozialen und kommunikativen Stellenwert.

Man bespricht dabei nicht selten die Probleme des Alltags und kann sich entspannen. Neben Geschmack und Gesundheitswert sollen natürlich auch diese wichtigen Funktionen des Essens im Rahmen von Schlank ohne Diät auf jeden Fall erhalten bleiben.

Die gesunde Ernährung in Kürze

Die Schlank-ohne-Diät-Küche unterscheidet sich nur unwesentlich von den allgemeinen Ernährungsempfehlungen. Auch sie baut auf der Lebensmittelpyramide auf.

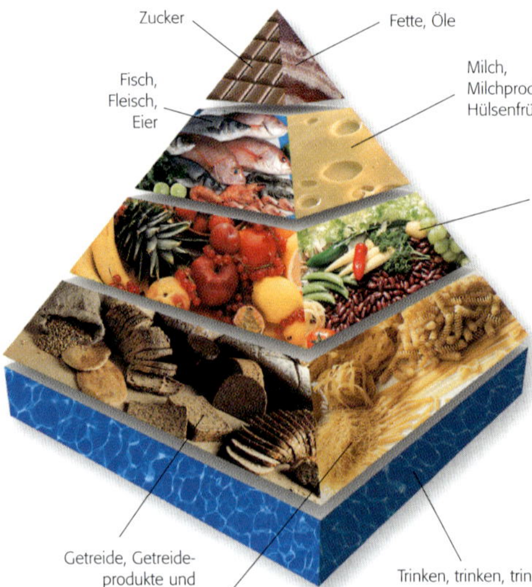

Die Lebensmittelpyramide besteht aus fünf Lebensmittelgruppen. Je weiter unten ein Lebensmittel zu finden ist, desto häufiger sollte es konsumiert werden. Die Zusammenstellung der Pyramide signalisiert auch, dass die Ernährung so abwechslungsreich wie möglich gestaltet werden soll.

Die Basis der gesunden Ernährung bieten Getränke, vorzugsweise ungesüßt und kalorienarm. Aus der Gruppe **Brot, Nudeln, Reis, Getreide und Getreideprodukte** sollten täglich fünf Portionen verzehrt werden (vorzugsweise **Vollkornprodukte**), wobei eine Portion z. B. 30 Gramm Brot, 30 Gramm Getreideflocken, 125 Gramm gekochten Nudeln oder Reis entspricht.

Drei bis fünf Portionen **Gemüse** (jeweils 125 Gramm oder 1/8 Liter Gemüsesaft) und zwei bis vier Portionen **Obst** (jeweils ein Stück oder 125 Gramm oder 1/8 Liter Fruchtsaft) decken einen Großteil des Vitamin- und Mineralstoffbedarfs.

Sie sollten auf das saisonale Angebot abgestimmt sein und Gemüse sollte zum Teil auch roh genossen werden. Grundsätzlich gilt: Je bunter die Ernährung, desto besser! Empfehlenswert ist ein „bunter Regenbogen" am Teller.

Von **Milch und Milchprodukten, Fisch, Fleisch, Wurst** (jeweils fettarme Varianten), **Eiern, Hülsenfrüchten und Nüssen** sollten fünf Portionen am Tag verzehrt werden, um in erster Linie die Eiweißversorgung sicherzustellen. 1/4 Liter Magermilch, Buttermilch oder Magerjogurt sowie 50 Gramm magerer Käse, 50 – 75 Gramm Fisch bzw. Fleisch sowie 125 Gramm gekochte Hülsenfrüchte stellen jeweils eine Portion dar, wobei Fisch 2-mal pro Woche und Fleisch und Wurstwaren maximal 3-mal pro Woche gegessen werden sollten.

Die Spitze der Pyramide bilden **Fette, Öle und Süßigkeiten.** Sie sollten dementsprechend nur in geringen Mengen konsumiert werden und stellen beim Abnehmen den wichtigsten Ansatzpunkt dar. Ein Gramm Fett liefert 9,3 kcal, mehr als doppelt so viel wie ein Gramm Kohlenhydrate oder ein Gramm Eiweiß (jeweils 4,1 kcal). Daraus ist ersichtlich, dass es besonders effektiv ist, Fett einzusparen. Darüber hinaus hat die Erfahrung gezeigt, dass es auch vergleichsweise leichter ist, auf fettreiche Nahrungsmittel zu verzichten als auf viele andere vorwiegend kohlenhydratreiche Lebensmittel. Sie werden vielleicht im Rahmen von Schlank ohne Diät die Erfahrung machen, dass Sie plötzlich größere Mengen essen als früher und trotzdem abnehmen. Das ist damit zu erklären, dass Sie zwar mehr, aber das Richtige essen. Achten Sie deshalb vor allem auf versteckte Fette in Fleisch, Wurst und Milchprodukten. Reduzieren Sie den Anteil an tierischen Fetten und verwenden Sie hauptsächlich Pflanzenöle.

Zusätzlich zur Fetteinsparung sollte auch möglichst wenig Zucker verzehrt werden. Fruchtzucker liefert genauso viel Energie wie Haushaltszucker, Honig und Ahornsirup nur geringfügig weniger (3 kcal pro Gramm). Fruchtzucker hat jedoch den Vorteil, dass er den Blutzuckerspiegel nicht zu hoch ansteigen lässt. Auf nahezu kalorienfreie Süßstoffe auszuweichen, kann eine Alternative sein. Am günstigsten ist es jedoch, insgesamt immer weniger zu süßen und sich langsam an weniger Süße in der Ernährung zu gewöhnen. In fast allen herkömmlichen Rezepten können Sie die Zuckermenge bedenkenlos um ein Drittel reduzieren, ohne damit geschmackliche Einbußen zu erleiden.

Genaue Informationen zu Schlank ohne Diät, den Ernährungs-, Bewegungs- und Verhaltensprogrammen finden Sie in unserem Buch „Schlank ohne Diät – Das Super-Abnehmprogramm", das ebenfalls im Kneipp-Verlag erschienen ist.

Die Rezepte – Grundsätzliches

Die Gerichte im folgenden Rezeptteil sind unterteilt in die Kategorien Gebäck, Aufstriche, warme Snacks, kalte Snacks, Snacks zum Mitnehmen und süße Snacks.

Im Kapitel „Gebäck" finden Sie Rezepte für Brot und diverses Kleingebäck, das einerseits eine hervorragende Unterlage für diverse Aufstriche und andererseits Basis für viele Snacks ist. Gebäck selber zu backen, ist viel weniger aufwändig, als man glaubt. Wenn Sie größere Mengen backen und portionsweise einfrieren, haben Sie immer frisches, köstliches Gebäck zur Hand.

Die Aufstriche sind nach ihrer jeweiligen Hauptzutat zusammengefasst. Sie finden Aufstriche auf Gemüsebasis, mit Fisch, mit Hülsenfrüchten und Soja, auf Basis verschiedener Milchprodukte und auch süße Aufstriche. Gemeinsam sind allen Aufstrichen der niedrige Fettgehalt und die Verwendung ernährungsphysiologisch günstiger Zutaten.

Die Snacks in diesem Kochbuch sind hervorragende Alternativen zu Burger, Pizza, Leberkäsesemmel und Co. Sie haben nicht nur weitaus weniger Kalorien und Fett, sondern liefern darüber hinaus durch die bewusste Auswahl der Zutaten reichlich günstige Inhaltsstoffe wie Vitamine, Mineralstoffe und sekundäre Pflanzenstoffe.

Die Gerichte aus den Kapiteln „warme Snacks" und „kalte Snacks" eignen sich hervorragend zur Bewirtung von Gästen und für Buffets. Sie sind aber auch eine gute Alternative, wenn man bewusst nur eine Kleinigkeit essen möchte.

„Süße Snacks" sind für jene Menschen gedacht, die häufig Gusto auf etwas Süßes bekommen.

Im Kapitel „Snacks zum Mitnehmen" finden Sie kleine Gerichte, die sich besonders gut als Jause zum Mitnehmen ins Büro eignen. Sie lassen sich gut transportieren und können ohne Besteck gegessen werden. Bis zum Verzehr sollten sie möglichst gekühlt gelagert werden.

Jedes der folgenden Rezepte ist energie- und fettarm. Durch die bewusste Auswahl der Zutaten können große Mengen an Fett eingespart werden. So kann beispielsweise fettreiche Wurst (z. B. Extrawurst) durch fettarme (z. B. Putenbrust) oder fetter Käse durch magere Sorten ersetzt werden. Statt Butter bzw. Margarine eignet sich fettarmer Frischkäse als universeller Brotaufstrich. Um den Gerichten Geschmack zu verleihen, werden Kräuter, Gewürze und Gemüse mit starkem Eigengeschmack (z. B. Kren) verwendet.

Einige wenige Snacks haben aufgrund bestimmter Zutaten (z. B. Lachs, Hering oder Tunfisch) etwas höhere Energie- und Fettgehalte, liefern allerdings sehr günstige Inhaltsstoffe (z. B. Omega-3-Fettsäuren), auf die man auch beim Abnehmen nicht verzichten sollte.

Bei Gemüse und Obst braucht nicht gespart zu werden. Diese Lebensmittelgruppe hat einen niedrigen Energiegehalt, enthält aber gleichzeitig reichlich Vitamine, Mineralstoffe, Ballaststoffe und sekundäre Pflanzeninhaltsstoffe. Dies ist beim Abnehmen besonders wichtig, da man durch die meist geringere Nahrungsmenge Gefahr läuft, zu wenige günstige Inhaltsstoffe aufzunehmen.

Viele Gerichte in diesem Kochbuch können leicht zu einer vollwertigen Hauptspeise aufgewertet werden, wenn man sie um einen großen Salat erweitert.
Aus der Lebensmittelgruppe Brot und Gebäck werden vorzugsweise Vollkornprodukte verwendet. Diese haben einerseits einen höheren Gehalt an Vitaminen, Mineralstoffen und Ballaststoffen und andererseits einen niedrigeren glykämischen Index.

Der glykämische Index beschreibt die Wirkung eines Lebensmittels auf den Blutzuckerspiegel, er sollte möglichst niedrig sein. Vollkorngetreideprodukte, Hülsenfrüchte, Obst (mit Schale) und Gemüse, also ballaststoffreiche Lebensmittel, haben einen niedrigen glykämischen Index.

Für die Rezepte in diesem Buch wurden gezielt Zutaten ausgewählt, die einen niedrigen glykämischen Index haben. Lebensmittel mit einem etwas höheren glykämischen Index, wie beispielsweise helles Gebäck, werden mit eiweißreichen Zutaten (z. B. Fisch, Fleisch oder Aufstrichen) kombiniert, um den glykämischen Index des Gerichtes insgesamt zu senken.

Wenn Fett in den Rezepten verwendet wird, dann pflanzliche Öle hoher Qualität. Im Gegensatz zu tierischen Fetten enthalten pflanzliche Öle wenig gesättigte und größtenteils einfach und mehrfach ungesättigte Fettsäuren, haben also ein äußerst günstiges Fettsäuremuster, das den Cholesterinspiegel günstig beeinflusst. Darüber hinaus ist jedes pflanzliche Fett im Gegensatz zu tierischen Fetten cholesterinfrei.

Zutaten und Utensilien für die Zubereitung von Aufstrichen und Snacks

Folgende Utensilien und Zutaten sollten Sie zu Hause haben, um jederzeit einen feinen Aufstrich oder einen kleinen Snack zubereiten zu können.

- Mixstab zur Herstellung der Aufstriche
- Beschichtete Kastenform zum Brotbacken
- Beschichtete Muffinsformen
- Backpapier
- Vollkornbrot
- Vollkorntoast
- Fettarmer Frischkäse
- Magertopfen (-quark)
- Magerjogurt
- Magermilch
- Fettarmer Schnittkäse
- Putenschinken
- Kräuter, frisch oder tiefgekühlt
- Gewürze wie Curry, Paprika, Pfeffer
- Senf.
- Tunfisch in Salzlake aus der Dose
- Hülsenfrüchte aus der Dose
- Tiefkühlgemüse
- Essiggurken
- Kartoffeln
- Getreideflocken

Zur Handhabung des Buches

Die mehr als 80 Rezepte sind gegliedert in Gebäck, Aufstriche, kalte, warme und süße Snacks sowie Snacks zum Mitnehmen.

Die Temperaturangaben beim Backen gelten – wenn nicht anders angegeben – für die Verwendung von Heißluft, was bei den meisten Geräten mittlerweile Standard ist. Beim Backen mit Ober- und Unterhitze muss die Backtemperatur um ca. 20 °C erhöht werden.

Da sämtliche Gerichte in diesem Kochbuch den Anforderungen der modernen Ernährungswissenschaft entsprechend zusammengestellt wurden, sind sie natürlich auch für Personen geeignet, die nicht abnehmen wollen. Für „Mitesser" vergrößern Sie einfach die Portionen.

Selbstverständlich können Sie sämtliche Rezepte ganz nach Geschmack und Belieben abwandeln, beispielsweise mit frischem Saisongemüse oder anderen Fleisch- oder Fischarten variieren.

Achten Sie dabei nur, den Energie- und Fettgehalt des jeweiligen Gerichtes nicht zu erhöhen.

Brot und Gebäck selbst zu machen, ist wesentlich weniger aufwändig, als man glaubt. Der große Vorteil dabei ist, dass man genau weiß, welche Zutaten verwendet wurden.

Auf den folgenden Seiten finden Sie raffinierte, aber dennoch leicht nachvollziehbare Rezepte für köstliches Brot und Gebäck – hervorragende Unterlagen für verschiedenste Aufstriche, universelle Beilage und Basis für schnelle Snacks.

Verwendete Abkürzungen:

EL	Esslöffel
TL	Teelöffel
l	Liter
ml	Milliliter
kg	Kilogramm
g	Gramm
Pkg.	Packung
Msp.	Messerspitze

Gebäck

Brandteigkrapfen

25 STÜCK

250 ml Wasser
50 g Butter oder Margarine
Salz
160 g Vollkornmehl
4 Eier

TIPPS

- Rezepte für Aufstriche zum Füllen der Brandteigkrapfen finden Sie ab Seite 28.
- Besonders gut eignen sich Kräuter- und Liptaueraufstrich, aber auch Kürbiskern-, Schafkäse-, Kräuter- sowie Fischaufstriche.

Nährwerte pro Stück (ohne Fülle):

kcal	49
Eiweiß	2 g
Fett	2,9 g
Kohlenhydrate	3,9 g
Ballaststoffe	0,6 g
Cholesterin	43 mg
Broteinheiten	0,3

ZUBEREITUNG:

Wasser mit Butter und Salz zum Kochen bringen. Mehl unter ständigem Rühren beigeben und die Masse so lange kochen, bis sie sich vom Topfboden löst. Masse überkühlen lassen.

Nach und nach die Eier beimischen, dazwischen den Teig immer glatt verrühren.

Teig ca. 30 Minuten rasten lassen.

Backrohr auf 200 °C (Unter- und Oberhitze) vorheizen.

Mit einem Spritzsack oder mithilfe eines Löffels 25 Krapfen aus dem Teig formen und diese in gleichmäßigem Abstand auf ein mit Backpapier ausgelegtes Backblech setzen.

Im vorgeheizten Backrohr ca. 40 Minuten backen, Backrohr während des Backvorgangs nicht öffnen!

Brandteigkrapfen auskühlen lassen, aufschneiden und mit pikanten Aufstrichen nach Geschmack füllen.

Krautwickler

18 STÜCK

Teig:

130 ml lauwarmes Wasser
1 TL Salz
20 g frische Germ (Hefe)
250 g Dinkelvollkornmehl
2 TL Brotgewürz

Fülle:

200 g Sauerkraut
50 g geräucherte Putenbrust
Magermilch zum Bestreichen Kümmel zum Bestreuen

TIPP

- Die Krautwickler sind eine gute Alternative zu Speckweckerln, wenn's einmal deftiger sein soll.

Nährwerte pro Stück:

kcal	50
Eiweiß	2,5 g
Fett	0,5 g
Kohlenhydrate	8,4 g
Ballaststoffe	1,8 g
Cholesterin	2 mg
Broteinheiten	0,7

ZUBEREITUNG:

Teig:

Wasser und Salz in einer Schüssel vermischen, Germ darin auflösen. Vollkornmehl und Brotgewürz untermischen, mit der Hand oder mit einem Knethaken gut durchkneten.

Teig an einem warmen Ort zugedeckt ca. 45 Minuten gehen lassen und danach noch einmal durchkneten.

Backrohr auf 160 °C vorheizen.

Fülle:

Sauerkraut gut abtropfen lassen. Geräucherte Putenbrust in feine Würfel schneiden.

Teig auf einer bemehlten Arbeitsfläche rechteckig ausrollen (ca. 30 x 50 cm). Sauerkraut und Putenbrustwürfel auf dem Teig verteilen. Teig von der längeren Seite her wie eine Roulade einrollen, quer in 18 Scheiben schneiden. Diese auf ein mit Backpapier ausgelegtes Backblech legen, mit Magermilch bestreichen, mit Kümmel bestreuen und im vorgeheizten Backrohr ca. 25 Minuten backen.

Knusprige Vollkornstangerln

20 STÜCK

- 150 g Dinkelkornmehl
- 1/2 Pkg. Backpulver
- Salz
- 75 g Magertopfen (-quark)
- 3 EL Rapsöl
- 3 EL Magermilch
- Magermilch zum Bestreichen

ZUBEREITUNG:

Backrohr auf 180 °C vorheizen.

Vollkornmehl mit Backpulver und Salz vermischen, Topfen, Öl und Magermilch zugeben und mit der Mehlmischung zu einem glatten Teig verkneten.

Teig in 20 gleich große Stücke teilen, diese zu dünnen Stangerln ausrollen, auf ein mit Backpapier ausgelegtes Backblech legen, mit Magermilch bestreichen und im vorgeheizten Rohr ca. 30 Minuten backen.

TIPP

- Diese Stangerln eignen sich besonders gut zum Dippen von Aufstrichen.

Nährwerte pro Stück:	
kcal	40
Eiweiß	1,4 g
Fett	1,7 g
Kohlenhydrate	4,8 g
Ballaststoffe	0,8 g
Cholesterin	0 mg
Broteinheiten	0,4

Olivenfladen

15 STÜCK

10 schwarze Oliven
150 ml lauwarmes Wasser
1 EL Olivenöl
1 TL Salz
20 g frische Germ (Hefe)
300 g Dinkelvollkornmehl
2 TL Oregano
Magermilch zum Bestreichen

ZUBEREITUNG:

Oliven entkernen und jeweils vierteln.

Wasser, Olivenöl und Salz in einer Schüssel verrühren, die Germ darin auflösen. Dinkelmehl und Oregano vermischen und unter das Dampfl mischen.

Teig mit der Hand oder mit einem Knethaken gut durchkneten, Olivenstücke einarbeiten. Teig an einem warmen Ort zugedeckt ca. 45 Minuten gehen lassen.

Backrohr auf 180 °C vorheizen.

Teig noch einmal durchkneten, danach in 15 gleich große Stücke teilen. Jedes Teigstück zu einer Flade formen, diese auf ein mit Backpapier ausgelegtes Backblech legen, mit Magermilch bestreichen und im vorgeheizten Rohr ca. 35 Minuten backen.

Nährwerte pro Stück:

kcal	81
Eiweiß	2,5 g
Fett	2,4 g
Kohlenhydrate	12,1 g
Ballaststoffe	0 g
Cholesterin	1 mg
Broteinheiten	0,2

Oliven-Rosmarin-Rouladen

30 STÜCK

Teig:

- 130 ml lauwarmes Wasser
- 1 TL Salz
- 20 g frische Germ (Hefe)
- 250 g Dinkelvollkornmehl
- 2 TL Brotgewürz
- 90 g schwarze Oliven, entsteint
- 50 g fettarmer Schnittkäse im Ganzen
- 1 EL Rosmarin
- Magermilch zum Bestreichen

TIPP

▸ Diese Rouladen sind ein köstlicher mediterraner Snack, schmecken aber auch als Beilage zu Gegrilltem hervorragend.

Nährwerte pro Stück:	
kcal	41
Eiweiß	1,6 g
Fett	1,5 g
Kohlenhydrate	5,2 g
Ballaststoffe	1 g
Cholesterin	0 mg
Broteinheiten	0,4

ZUBEREITUNG:

Teig:

Wasser und Salz in einer Schüssel vermischen, Germ darin auflösen. Vollkornmehl und Brotgewürz untermischen, mit der Hand oder mit einem Knethaken gut durchkneten.

Teig an einem warmen Ort zugedeckt ca. 45 Minuten gehen lassen, danach noch einmal durchkneten.

Backrohr auf 160 °C vorheizen.

Oliven klein schneiden, Käse reiben. Olivenstücke, Käse und Rosmarin im Mixer oder mit einer Küchenmaschine zu einer Paste mixen.

Teig rechteckig auf ca. 30 x 60 cm ausrollen. Olivenpaste darauf streichen. Teig von der längeren Seite her zu einer Roulade aufrollen, davon 30 Stücke abschneiden, diese auf ein mit Backpapier ausgelegtes Backblech legen, mit Magermilch bestreichen und im vorgeheizten Backrohr ca. 20 Minuten backen.

Nuss-Karotten-Weckerln

16 STÜCK

1 Karotte
500 g Dinkelkornmehl
2 Pkg. (= 500 g) Magertopfen (-quark)
1/8 l Magermilch
2 TL Salz
4 TL Brotgewürz
1 Pkg. Backpulver
50 g Walnüsse, grob zerkleinert
Magermilch zum Bestreichen

ZUBEREITUNG:

Backrohr auf 180 °C vorheizen.

Karotte raspeln und mit Vollkornmehl, Topfen, Milch, Salz, Brotgewürz und Backpulver mit dem Knethaken oder mit der Hand zu einem geschmeidigen Teig verarbeiten und zum Schluss die Walnüsse einkneten.

Den Teig in 16 gleich große Stücke teilen und zu Weckerln formen. Diese auf ein mit Backpapier ausgelegtes Backblech legen, mit Magermilch bestreichen und 25 Minuten backen.

TIPP

- Mit Aufstrichen oder pikant belegt sind diese Weckerln gemeinsam mit einem Paprika oder einer Tomate ein hervorragender Snack zum Mitnehmen in die Arbeit.

Nährwerte pro Stück:

kcal	145
Eiweiß	8,3 g
Fett	2,8 g
Kohlenhydrate	21,2 g
Ballaststoffe	3,5 g
Cholesterin	0 mg
Broteinheiten	1,8

Rosmarinstangerln

20 STÜCK

500 g Dinkelvollkornmehl
2 Pkg. (= 500 g) Magertopfen (-quark)
1/8 l Magermilch
2 TL Salz
1 Pkg. Backpulver
3 Zweige frischer Rosmarin
Magermilch zum Bestreichen

TIPP

▸ Diese Stangerln eignen sich besonders gut zum Eintauchen in verschiedene Aufstriche. Sie sind aber auch eine hervorragende Beilage zu Gegrilltem. Auf jeden Fall schmecken sie frisch aus dem Ofen am besten.

ZUBEREITUNG:

Backrohr auf 180 °C vorheizen.

Vollkornmehl mit Topfen, Milch, Salz und Backpulver mit dem Knethaken oder mit der Hand zu einem geschmeidigen Teig verarbeiten.

Rosmarinnadeln von den Zweigen zupfen und die ganzen Nadeln in den Teig einarbeiten.

Teig in 20 gleich große Stücke teilen. Teigstücke zu dünnen Stangerln in der Länge der kürzeren Seite eines Backblechs ausrollen.

Jeweils 10 Stangerln auf ein mit Backpapier ausgelegtes Backblech legen, mit Magermilch bestreichen und beide Bleche bei Umluft gemeinsam, bei Ober- und Unterhitze hintereinander, 25 Minuten backen.

Nährwerte pro Stück:

kcal	98
Eiweiß	6,2 g
Fett	0,7 g
Kohlenhydrate	16,3 g
Ballaststoffe	2,5 g
Cholesterin	0 mg
Broteinheiten	1,4

Schnelles Vollkornbrot

20 SCHEIBEN

- 500 g Dinkelvollkornmehl
- 2 TL Salz
- 4 TL Brotgewürz
- 1 Pkg. Backpulver
- 1 Flasche (500 ml) Bier

ZUBEREITUNG:

Backrohr auf 170 °C Heißluft vorheizen.

Alle Zutaten in der angegebenen Reihenfolge vermischen.

Teig in eine beschichtete Kastenform füllen und bei 170 °C Heißluft 15 Minuten backen, danach die Temperatur auf 160 °C reduzieren und 40 Minuten fertig backen.

Nährwerte pro Scheibe:	
kcal	89
Eiweiß	3 g
Fett	0,6 g
Kohlenhydrate	16 g
Ballaststoffe	2,5 g
Cholesterin	0 mg
Broteinheiten	1,3

Vollkornlaibchen

16 STÜCK

500 g Dinkelvollkornmehl
2 Pkg. Magertopfen (-quark) (500 g)
1/8 l Magermilch
2 TL Salz
4 TL Brotgewürz
1 Pkg. Backpulver
Magermilch zum Bestreichen

ZUBEREITUNG:

Backrohr auf 180 °C vorheizen.

Vollkornmehl mit Topfen, Milch, Salz, Brotgewürz und Backpulver mit dem Knethaken oder mit der Hand zu einem geschmeidigen Teig verarbeiten.

Teig in 16 gleich große Stücke teilen, diese zu Laibchen formen, auf ein mit Backpapier ausgelegtes Backblech legen, mit Magermilch bestreichen, je 2-mal schräg einschneiden und 25 Minuten backen.

TIPP

▸ Diese Vollkornlaibchen sind eine universelle Basis für diverse Aufstriche und Brotbeläge. Da sie sich auch hervorragend zum Tieffrieren eignen, kann man ruhig gleich mehr davon machen und sie bei Bedarf auftauen.

Nährwerte pro Stück:

kcal	123
Eiweiß	7,8 g
Fett	0,8 g
Kohlenhydrate	20,7 g
Ballaststoffe	3,1 g
Cholesterin	0 mg
Broteinheiten	1,7

Lassen Sie sich überzeugen, dass Aufstriche fettarm, gesund und gleichzeitig köstlich sein können. Aus ernährungsphysiologisch günstigen Zutaten wie Gemüse, Hülsenfrüchten, Magertopfen (-quark), Tofu und Fisch lässt sich mithilfe von Kräutern und Gewürzen ganz leicht eine Vielfalt an wohlschmeckenden und gleichzeitig leichten Aufstrichen zaubern. Kosten Sie selbst!

Verwendete Abkürzungen:

EL	Esslöffel
TL	Teelöffel
l	Liter
ml	Milliliter
kg	Kilogramm
g	Gramm
Pkg.	Packung
Msp.	Messerspitze

Aufstriche

Erdäpfelkäse

7 PORTIONEN

- 100 g Kartoffeln, mehlig
- 1/4 rote Zwiebel
- 1/2 Bund Schnittlauch
- 30 g Magertopfen (-quark)
- 30 g Jogurt, fettarm
- Salz, Pfeffer, Muskat

ZUBEREITUNG:

Kartoffeln in einem Dämpfeinsatz über Wasserdampf je nach Größe ca. 20 – 30 Minuten garen. Schälen und noch heiß durch die Kartoffelpresse drücken, überkühlen lassen.

Zwiebel und Schnittlauch fein schneiden. Topfen und Jogurt glatt rühren, gemeinsam mit Zwiebel und Schnittlauch unter die Kartoffelmasse mischen. Mit Salz, Pfeffer und Muskat abschmecken.

Nährwerte pro Portion (25 g):	
kcal	16
Eiweiß	1 g
Fett	0,1 g
Kohlenhydrate	2,5 g
Ballaststoffe	0,4 g
Cholesterin	0 mg
Broteinheiten	0,2

Gurkenaufstrich

10 PORTIONEN

- 1/2 kleine Salatgurke
- Salz
- 75 g Magertopfen (-quark)
- 1 EL Frischkäse, fettreduziert
- 1/2 Knoblauchzehe
- 1 TL geriebener Kren (Meerrettich)
- Pfeffer
- 1/4 Bund Dille

ZUBEREITUNG:

Gurke halbieren, Kerne samt wässrigem Fruchtfleisch mit einem Löffel herausschaben. Restliche Gurke in kleine Würfel schneiden, salzen und etwas stehen lassen.

Topfen mit Frischkäse verrühren, Knoblauch fein schneiden und mit dem geriebenen Kren, Pfeffer und gehackter Dille unter die Topfenmasse geben. Gurkenwürfel abtropfen lassen und unterrühren.

Nährwerte pro Portion (25 g):	
kcal	10
Eiweiß	1,3 g
Fett	0 g
Kohlenhydrate	0,8 g
Ballaststoffe	0,2 g
Cholesterin	0 mg
Broteinheiten	0,1

Melanzani-Sesam-Aufstrich

6 PORTIONEN

- 1 kleine Melanzani (ca. 200 g)
- 1 Knoblauchzehe
- 1/4 Bund Petersilie
- 7 g Sesampaste (Tahin)
- 1 TL Zitronensaft
- 1 TL Olivenöl
- Salz, Pfeffer

ZUBEREITUNG:

Backrohr auf 200 °C vorheizen.

Ganze Melanzani mit einer Gabel mehrmals einstechen, auf ein mit Backpapier ausgelegtes Backblech legen und im vorgeheizten Backrohr ca. 40 Minuten backen.

Inzwischen Knoblauch pressen, Petersilie fein hacken.

Gebackene Melanzani auskühlen lassen, dann der Länge nach aufschneiden, Fruchtfleisch herauskratzen. Dieses mit Sesampaste, Zitronensaft und Olivenöl fein pürieren. Mit Salz, Pfeffer, Knoblauch und Petersilie würzen.

TIPP

► Dieser Aufstrich schmeckt auch als Vorspeise oder als Soße zu Gegrilltem hervorragend.

Nährwerte pro Portion (25 g):

kcal	23
Eiweiß	0,7 g
Fett	1,5 g
Kohlenhydrate	1,6 g
Ballaststoffe	1,2 g
Cholesterin	0 mg
Broteinheiten	0,1

Radieschenaufstrich

7 PORTIONEN

- 125 g Magertopfen (-quark)
- 35 ml Mineralwasser mit Kohlensäure
- 3 Radieschen
- Salz, Pfeffer
- Kren (Meerrettich)

ZUBEREITUNG:

Topfen mit Mineralwasser glatt rühren.

Radieschen fein raspeln.

Topfen und Radieschen vermischen, mit Salz, Pfeffer und frisch geriebenem Kren würzen.

Nährwerte pro Portion (25 g):

kcal	12
Eiweiß	1,9 g
Fett	0 g
Kohlenhydrate	0,7 g
Ballaststoffe	0 g
Cholesterin	0 mg
Broteinheiten	0,1

Radieschen-Kräuter-Aufstrich

5 PORTIONEN

- 65 g Magertopfen (-quark)
- 35 g fettarmes Jogurt
- 1/2 EL Essiggurkenwasser
- Salz, Pfeffer
- 3 Radieschen
- 1 Essiggurke
- 1 EL Petersilie
- 1 EL Schnittlauch
- 1 EL Kresse

ZUBEREITUNG:

Magertopfen, Jogurt und Essiggurkenwasser verrühren, würzen. Radieschen, Essiggurke und Kräuter fein hacken und unter die Topfenmasse mischen.

Nährwerte pro Portion (25 g):	
kcal	12
Eiweiß	1,7 g
Fett	0,1 g
Kohlenhydrate	0,9 g
Ballaststoffe	0,1 g
Cholesterin	0 mg
Broteinheiten	0,1

Karotten-Apfel-Nuss-Aufstrich

7 PORTIONEN

- 75 g Karotten
- 25 g Apfel
- 75 g Magertopfen (-quark)
- 1 TL Magerjogurt
- 1 TL gehackte Walnüsse
- Salz, Pfeffer

ZUBEREITUNG:

Karotten und Apfel fein raspeln. Topfen mit Jogurt glatt rühren, Karotten, Apfel und Walnüsse untermischen, Aufstrich mit Salz und Pfeffer abschmecken.

Nährwerte pro Portion (25 g):	
kcal	16
Eiweiß	1,5 g
Fett	0,5 g
Kohlenhydrate	1,4 g
Ballaststoffe	0,5 g
Cholesterin	0 mg
Broteinheiten	0,1

Lachs-Aufstrich

5 PORTIONEN

- 100 g Räucherlachs
- 20 g Frischkäse fettreduziert
- Salz, Pfeffer
- etwas Zitronensaft
- 1/2 TL Senf
- etwas Dille

ZUBEREITUNG:

Räucherlachs mit einem Stabmixer gemeinsam mit dem Frischkäse pürieren. Mit Salz, Pfeffer, Zitronensaft und Senf würzen. Dille fein hacken und zum Schluss unter den Aufstrich mischen.

Nährwerte pro Portion (25 g):	
kcal	31
Eiweiß	4,5 g
Fett	1,4 g
Kohlenhydrate	0,2 g
Ballaststoffe	0 g
Cholesterin	8 mg
Broteinheiten	0

Tunfisch-Aufstrich

6 PORTIONEN

- 50 g Tunfisch, ohne Öl aus der Dose
- 50 g Magertopfen (-quark)
- 15 ml Mineralwasser mit Kohlensäure
- 1/2 Zwiebel
- 1/2 TL Sardellenpaste
- etwas Zitronensaft
- Salz, Pfeffer

ZUBEREITUNG:

Tunfisch abtropfen lassen. Topfen mit Mineralwasser glatt rühren. Zwiebel fein hacken.

Fisch mit einer Gabel zerteilen und mit den restlichen Zutaten vermischen.

Mit Zitronensaft, Salz und Pfeffer abschmecken.

Nährwerte pro Portion (25 g):	
kcal	30
Eiweiß	3,2 g
Fett	1,5 g
Kohlenhydrate	0,8 g
Ballaststoffe	0,1 g
Cholesterin	7 mg
Broteinheiten	0,1

Räucherforellencreme

7 PORTIONEN

100 g Räucherforellenfilet, ohne Haut und Gräten
65 g fettarmer Frischkäse
1 EL fettarmes Jogurt
Kren (Meerrettich) nach Geschmack
1 TL Zitronensaft
Salz, Pfeffer

ZUBEREITUNG:

Räucherforellenfilet mit einer Gabel in einer Schüssel zerdrücken. Frischkäse mit 1 EL Magerjogurt glatt rühren. Kren reißen und unter die Frischkäsemasse mischen. Diese mit dem Fisch verrühren, Creme mit Zitronensaft, Salz und Pfeffer abschmecken.

TIPP

▸ Diese Creme schmeckt besonders gut auf getoastetem Vollkorntoast.

Nährwerte pro Portion (25 g):

kcal	26
Eiweiß	4,3 g
Fett	0,6 g
Kohlenhydrate	0,6 g
Ballaststoffe	0,2 g
Cholesterin	8 mg
Broteinheiten	0,1

Räuchermakrelen-Aufstrich

6 PORTIONEN

100 g Makrelenfilets, geräuchert
40 g fettarmer Frischkäse
1 TL Zitronensaft
1 EL gehackte Petersilie
Salz, Pfeffer

ZUBEREITUNG:

Makrelenfilets enthäuten und eventuell Gräten entfernen, mit einer Gabel fein zerteilen. Frischkäse, Zitronensaft und Petersilie untermischen. Aufstrich mit Salz und Pfeffer abschmecken.

TIPP

▸ Makrelen zählen zu den fetten Seefischen. Sie enthalten reichlich die für die Herzgesundheit besonders günstigen Omega-3-Fettsäuren und sollten deshalb trotz ihres hohen Fettgehaltes auch beim Abnehmen regelmäßig verzehrt werden.

Nährwerte pro Portion (25 g):

kcal	39
Eiweiß	4,5 g
Fett	2,2 g
Kohlenhydrate	0,4 g
Ballaststoffe	0 g
Cholesterin	13 mg
Broteinheiten	0

Räucherlachs-Tartar

14 PORTIONEN

- 1/4 Salatgurke
- 200 g Räucherlachs
- 1/2 Bund Dille
- 1 TL Kapern
- 1 EL Zitronensaft
- 1 EL Olivenöl
- Salz, Pfeffer

ZUBEREITUNG:

Gurke schälen, längs halbieren, entkernen.

Fruchtfleisch in ganz feine Würfel schneiden.

Räucherlachs ebenfalls fein schneiden, Dille und Kapern fein hacken.

Gurkenwürfel, Lachs, Dille und Kapern vermischen, Zitronensaft und Olivenöl unterrühren, mit Salz und Pfeffer abschmecken.

TIPP

▸ Das Lachstartar eignet sich besonders gut als kleiner Happen oder als Vorspeise auf getoasteten Vollkornbaguettescheiben.

Nährwerte pro Portion (25 g):

kcal	30
Eiweiß	2,9 g
Fett	1,8 g
Kohlenhydrate	0,6 g
Ballaststoffe	0,2 g
Cholesterin	5 mg
Broteinheiten	0,1

Falsche Leberpastete

7 PORTIONEN

- 150 g Linsen aus der Dose
- 1/2 Zwiebel
- 1/2 Knoblauchzehe
- 1 TL Rapsöl
- 1/4 TL Neugewürz, gemahlen
- 1/4 TL Koriander, gemahlen
- Salz, Pfeffer

ZUBEREITUNG:

Linsen abseihen, Flüssigkeit auffangen.

Zwiebel und Knoblauch fein hacken, in Rapsöl glasig anschwitzen, auskühlen lassen.

Linsen, Zwiebel und Knoblauch fein pürieren, eventuell etwas von der aufgefangenen Flüssigkeit dazugeben.

Die Pastete mit Neugewürz, Koriander, Salz und Pfeffer würzen.

TIPP

▸ Wenn man die Pastete etwas gröber möchte, püriert man nicht alle Linsen und gibt zum Schluss die ganzen Linsen dazu.

Nährwerte pro Portion (25 g):

kcal	25
Eiweiß	1,3 g
Fett	0,8 g
Kohlenhydrate	3,1 g
Ballaststoffe	0,7 g
Cholesterin	0 mg
Broteinheiten	0,3

Kichererbsen-Curry-Aufstrich

9 PORTIONEN

- 200 g Kichererbsen aus der Dose
- 25 g magerer Frischkäse
- Salz, Pfeffer
- Curry

ZUBEREITUNG:

Kichererbsen abtropfen lassen, Flüssigkeit auffangen.

Kichererbsten mit dem Mixstab oder in einem Standmixer unter Zugabe von etwas abgetropfter Flüssigkeit fein pürieren, bis eine cremige Masse entsteht.

Kichererbsenpüree mit dem Frischkäse vermischen, mit Salz, Pfeffer und Curry würzen.

Nährwerte pro Portion (25 g):

kcal	30
Eiweiß	2,1 g
Fett	0,6 g
Kohlenhydrate	4 g
Ballaststoffe	1,1 g
Cholesterin	0 mg
Broteinheiten	0,3

Gelbe Linsenpaste

9 PORTIONEN

- 1/2 Zwiebel
- 1/2 Knoblauchzehe
- 1 TL Olivenöl
- 1/2 l Gemüsebrühe
- 125 g rote Linsen
- 1/2 Lorbeerblatt
- Salz, Pfeffer
- 1/4 TL Neugewürz, gemahlen

ZUBEREITUNG:

Zwiebel und Knoblauch fein hacken und in Olivenöl glasig anschwitzen, mit Gemüsebrühe aufgießen.

Wenn die Suppe kocht, Linsen und Lorbeerblatt zugeben und bei schwacher Hitze zugedeckt ca. 10 Minuten weich kochen.

Überschüssige Brühe abgießen und auffangen, Lorbeerblatt entfernen, Linsen etwas überkühlen lassen.

Linsen pürieren, eventuell etwas Kochwasser zugeben, Paste mit Salz, Pfeffer und Neugewürz abschmecken.

Nährwerte pro Portion (25 g):

kcal	32
Eiweiß	2 g
Fett	0,7 g
Kohlenhydrate	4,3 g
Ballaststoffe	1 g
Cholesterin	0 mg
Broteinheiten	0,4

Räuchertofu-Aufstrich

7 PORTIONEN

150 g Räuchertofu
1/2 Karotte
65 g Magertopfen (-quark)
1 EL Magerjogurt
1 TL frisch geriebener Kren (Meerrettich)
Salz, Pfeffer

ZUBEREITUNG:

Räuchertofu passieren. Karotte fein raspeln. Topfen mit Jogurt glatt rühren. Tofu, Karottenraspel, Topfenmasse und Kren vermischen, mit Salz und Pfeffer abschmecken.

TIPP

- Dieser Aufstrich ist aufgrund des verwendeten Räuchertofu eine hervorragende, gesunde Ergänzung zu einer deftigen Jause.

Nährwerte pro Portion (25 g):

kcal	17
Eiweiß	2,2 g
Fett	0,5 g
Kohlenhydrate	0,9 g
Ballaststoffe	0,3 g
Cholesterin	0 mg
Broteinheiten	0,1

Tofu-Waldorf-Aufstrich

8 PORTIONEN

50 g Sellerie
1/2 kleiner Apfel
100 g Tofu, natur
1 EL geriebene Walnüsse
Salz, Pfeffer

ZUBEREITUNG:

Sellerie und Apfel raspeln. Tofu passieren und mit den Raspeln vermischen. Walnüsse untermischen, Aufstrich mit Salz und Pfeffer würzen.

Nährwerte pro Portion (25 g):

kcal	25
Eiweiß	1,6 g
Fett	1,3 g
Kohlenhydrate	1,2 g
Ballaststoffe	0,6 g
Cholesterin	0 mg
Broteinheiten	0,1

Rote Bohnencreme

8 PORTIONEN

200 g Kidneybohnen aus der Dose	
1/2 Knoblauchzehe	
1/2 Chilischote	
Salz, Pfeffer	

ZUBEREITUNG:

Kidneybohnen abgießen, Flüssigkeit auffangen.

Knoblauchzehe pressen, Chilischote ganz fein hacken.

Bohnen pürieren, eventuell etwas von der aufgefangenen Flüssigkeit dazugeben. Knoblauch und Chili nach Geschmack untermischen, mit Salz und Pfeffer abschmecken.

Nährwerte pro Portion (25 g):	
kcal	17
Eiweiß	1,4 g
Fett	0,1 g
Kohlenhydrate	2,5 g
Ballaststoffe	1,4 g
Cholesterin	0 mg
Broteinheiten	0,2

Frischkäsebällchen

20 STÜCK

Grundmasse:

- 140 g fettarmer Camembert, entrindet
- 200 g magerer Frischkäse
- 1 Knoblauchzehe
- Salz, Pfeffer

Zum Wälzen:

- 1 Scheibe Pumpernickel
- 3 TL Paprikapulver
- 3 TL Currypulver
- 3 TL frisch gemahlener bunter Pfeffer

TIPP

- Man kann die Frischkäsemasse (damit sie härter wird) vor dem Formen ca. 30 Minuten ins Gefrierfach stellen.

ZUBEREITUNG:

Camembert in Stücke schneiden, gemeinsam mit dem Frischkäse pürieren. Knoblauch pressen, unter die Frischkäsemasse mischen, mit Salz und Pfeffer pikant würzen.

Pumpernickelscheibe zerbröseln (funktioniert am besten mit einem Mörser) und in eine Schüssel geben.

Paprika-, Currypulver und gemahlenen Pfeffer jeweils in eine Schüssel geben.

Mit feuchten Händen aus der Frischkäsemasse 40 gleich große Kugeln formen, jeweils 10 sofort in Pumpernickelbröseln, Paprika-, Currypulver und Pfeffer wälzen. Sobald die Kugeln gewälzt sind, werden sie besser formbar und man kann sie schön rund machen.

Frischkäsebällchen bis zum Servieren kühl stellen und entweder auf einem großen Teller oder in Manschetten anrichten.

Nährwerte pro Stück (mit Pumpernickelbröseln):	
kcal	45
Eiweiß	4 g
Fett	1,1 g
Kohlenhydrate	4,5 g
Ballaststoffe	1 g
Cholesterin	3 mg
Broteinheiten	0,4

Nährwerte pro Stück (mit Paprika, Curry oder Pfeffer):	
kcal	40
Eiweiß	4 g
Fett	1,7 g
Kohlenhydrate	2,1 g
Ballaststoffe	1,1 g
Cholesterin	3 mg
Broteinheiten	0,2

Frühlingsaufstrich

11 PORTIONEN

125 g Magertopfen (-quark)
35 ml Mineralwasser mit Kohlensäure
je 1/4 roter, gelber und grüner Paprika
1/2 Bund Schnittlauch
Kresse nach Belieben
Salz, Pfeffer

ZUBEREITUNG:

Topfen mit dem Mineralwasser glatt rühren.

Paprika in feine Würfel schneiden. Schnittlauch fein schneiden.

Topfen, Paprika, Schnittlauch und Kresse vermischen, mit Salz und Pfeffer würzen.

Nährwerte pro Portion (25 g):

kcal	11
Eiweiß	1,6 g
Fett	0,1 g
Kohlenhydrate	1 g
Ballaststoffe	0,4 g
Cholesterin	0 mg
Broteinheiten	0,1

Käsecreme

8 PORTIONEN

100 g Magerjogurt
65 g fettarmer Schnittkäse im Ganzen
25 g fettarmer Frischkäse
Salz, Pfeffer

ZUBEREITUNG:

Jogurt in einem Kaffeefilter über einem Glas abtropfen lassen.

Schnittkäse reiben. Jogurt und Frischkäse vermischen, geriebenen Käse unterheben.

Creme mit Salz und reichlich Pfeffer würzen.

Nährwerte pro Portion (25 g):

kcal	26
Eiweiß	3,5 g
Fett	1 g
Kohlenhydrate	0,6 g
Ballaststoffe	0 g
Cholesterin	3 mg
Broteinheiten	0,1

Kürbis-Topfen-Aufstrich

6 PORTIONEN

- 1 EL gehackte Kürbiskerne
- 1/2 Knoblauchzehe
- 1/2 Bund Schnittlauch
- 125 g Magertopfen (-quark)
- 75 g fettarmes Jogurt
- Salz, Pfeffer
- 1/2 EL Kürbiskernöl

ZUBEREITUNG:

Kürbiskerne in einer Pfanne trocken rösten, auskühlen lassen.

Knoblauch pressen, Schnittlauch fein schneiden.

Magertopfen mit Jogurt glatt rühren. Knoblauch, Schnittlauch und Kürbiskerne untermischen, mit Salz, Pfeffer und Kürbiskernöl abschmecken.

Nährwerte pro Portion (25 g):	
kcal	72
Eiweiß	3,5 g
Fett	5,5 g
Kohlenhydrate	2 g
Ballaststoffe	0,9 g
Cholesterin	1 mg
Broteinheiten	0,2

Schafkäse-Kräuter-Aufstrich

7 PORTIONEN

- 100 g Schafkäse, fettarm
- 50 g Jogurt, fettarm
- Salz, Pfeffer
- 1/2 Knoblauchzehe
- frische Kräuter nach Belieben, gehackt

ZUBEREITUNG:

Schafkäse grob mit einer Gabel zerteilen, mit Jogurt mixen, mit Salz, Pfeffer, zerdrückter Knoblauchzehe und gehackten Kräutern würzen.

Nährwerte pro Portion (25 g):	
kcal	30
Eiweiß	3,4 g
Fett	1,6 g
Kohlenhydrate	0,6 g
Ballaststoffe	0,2 g
Cholesterin	6 mg
Broteinheiten	0,1

Kräuter-Aufstrich

8 PORTIONEN

- 75 g Magerjogurt
- frische Kräuter nach Belieben (Petersilie, Schnittlauch, Basilikum, Oregano, Bärlauch etc.)
- 125 g Magertopfen (-quark)
- Salz, Pfeffer

ZUBEREITUNG:

Magerjogurt in einem Kaffeefilter über einem Wasserglas abtropfen lassen.

Kräuter und Magerjogurt mit dem Mixstab oder in einem Standmixer fein pürieren, damit der Aufstrich eine schöne grüne Farbe bekommt.

Magertopfen mit einer Gabel glatt rühren und mit der Jogurt-Kräuter-Masse vermischen, mit Salz und Pfeffer würzen.

Nährwerte pro Portion (25 g):	
kcal	15
Eiweiß	2,2 g
Fett	0,1 g
Kohlenhydrate	1,1 g
Ballaststoffe	0,1 g
Cholesterin	0 mg
Broteinheiten	0,1

Ei-Aufstrich

12 PORTIONEN

- 2 Eier
- 100 g Magertopfen (-quark)
- 1 Ecke fettarmer Schmelzkäse
- 2 EL „Essiggurkenwasser"
- 1 TL Senf
- etwas Kren (Meerrettich)
- Salz, Pfeffer
- 2 Essiggurken

ZUBEREITUNG:

Eier hart kochen.

Ein hart gekochtes Ei, Eigelb des zweiten Eies, Magertopfen, Schmelzkäse und „Essiggurkenwasser" gut vermischen (am besten in einem Mixgerät), mit Senf, Kren, Salz und Pfeffer würzen.

Essiggurken und Eiweiß des zweiten Eies kleinwürfelig schneiden und vorsichtig unter die Ei-Topfen-Masse heben.

Nährwerte pro Portion (25 g):	
kcal	20
Eiweiß	2,6 g
Fett	0,8 g
Kohlenhydrate	0,5 g
Ballaststoffe	0 g
Cholesterin	20 mg
Broteinheiten	0

Grünkern-Kräuter-Aufstrich

8 PORTIONEN

- 1/4 Zwiebel
- 1 TL Olivenöl
- 125 ml Gemüsebrühe
- 50 g Grünkernschrot
- 1 TL Magerjogurt, abgetropft
- frische Kräuter nach Geschmack, gehackt
- Salz, Pfeffer

ZUBEREITUNG:

Zwiebel fein hacken und in Olivenöl glasig anschwitzen, mit Gemüsebrühe aufgießen.

Wenn die Gemüsebrühe kocht, Grünkernschrot einrühren und bei schwacher Hitze zugedeckt 15 Minuten köcheln lassen. Vom Herd nehmen und weitere 20 Minuten ausquellen und danach abkühlen lassen.

Den ausgekühlten Grünkern mit Jogurt und gehackten Kräutern vermischen, mit Salz und Pfeffer abschmecken.

Nährwerte pro Portion (25 g):

kcal	29
Eiweiß	0,8 g
Fett	0,9 g
Kohlenhydrate	4,1 g
Ballaststoffe	0,6 g
Cholesterin	0 mg
Broteinheiten	0,3

Kürbiskerncreme

9 PORTIONEN

65 g Magerjogurt
60 g geschrotete Kürbiskerne
25 g Frischkäse, fettarm
Salz, Pfeffer
1 TL Kernöl

ZUBEREITUNG:

Magerjogurt in einem Kaffeefilter über einem Glas gut abtropfen lassen.

Geschrotete Kürbiskerne mit Frischkäse und abgetropftem Magerjogurt vermischen, mit Salz und Pfeffer würzen und mit Kernöl parfümieren.

Nährwerte pro Portion (25 g):	
kcal	25
Eiweiß	2,4 g
Fett	1,2 g
Kohlenhydrate	1,2 g
Ballaststoffe	0,2 g
Cholesterin	0 mg
Broteinheiten	0,1

Liptauer-Aufstrich

8 PORTIONEN

125 g Magertopfen (-quark)
30 g fettarmer Frischkäse
1/4 roter Paprika
1/2 Essiggurke
1/2 TL Kapernbeeren
Salz, Pfeffer
Paprikapulver, scharf

ZUBEREITUNG:

Magertopfen mit Frischkäse vermischen.

Paprika und Essiggurke in ganz feine Würfel schneiden, Kapernbeeren fein hacken.

Gemüse unter die Topfenmasse mischen. Aufstrich mit Salz, Pfeffer und scharfem Paprikapulver nach Geschmack würzen.

Nährwerte pro Portion (25 g):	
kcal	18
Eiweiß	2,6 g
Fett	0,2 g
Kohlenhydrate	1,3 g
Ballaststoffe	0,3 g
Cholesterin	0 mg
Broteinheiten	0,1

Haselnuss-Kakao-Aufstrich

9 PORTIONEN

- 125 g Magertopfen (-quark)
- 2 EL fettarmes Jogurt
- 30 g Honig
- 30 g geriebene, geröstete Haselnüsse
- 1 TL Kakaopulver

ZUBEREITUNG:

Magertopfen mit Jogurt und Honig glatt rühren, restliche Zutaten untermischen und zu einer geschmeidigen Masse mixen.

TIPP

▸ Dieser süße Aufstrich ist besonders bei Kindern beliebt!

Nährwerte pro Portion (25 g):	
kcal	46
Eiweiß	2,4 g
Fett	2,4 g
Kohlenhydrate	3,7 g
Ballaststoffe	0,4 g
Cholesterin	0 mg
Broteinheiten	0,3

Erdbeeraufstrich

1 GLAS

- 1 unbehandelte Zitrone
- 300 g Erdbeeren
- 1 EL Johannisbrotkernmehl (Reformhaus)
- 2 EL Honig

ZUBEREITUNG:

Von der Zitrone Schale abreiben und Saft auspressen. Erdbeeren und Zitronensaft fein pürieren (am besten mit einem Mixstab).

Johannisbrotkernmehl, Zitronenschale und Honig untermischen und lange kalt rühren, bis der Aufstrich eine feste Konsistenz hat.

In ein sauberes Glas mit Schraubverschluss füllen und im Kühlschrank lagern. Innerhalb einer Woche aufbrauchen.

Nährwerte pro EL:	
kcal	10
Eiweiß	0,1 g
Fett	0,1 g
Kohlenhydrate	2 g
Ballaststoffe	0,7 g
Cholesterin	0 mg
Broteinheiten	0,2

Pfirsichaufstrich

1 GLAS

300 g Pfirsiche ohne Kern, geschält
1 unbehandelte Zitrone
1 EL Johannisbrotkernmehl (Reformhaus)
2 EL Honig

ZUBEREITUNG:

Pfirsiche grob schneiden. Von der Zitrone Schale abreiben, Saft auspressen. Pfirsichstücke mit Zitronensaft fein pürieren, am besten mit einem Mixstab. Johannisbrotkernmehl, Zitronenschale und Honig untermischen und so lange gründlich kalt rühren, bis der Aufstrich dickflüssig wird.

In ein sauberes Glas mit Schraubverschluss füllen und im Kühlschrank lagern. Innerhalb einer Woche aufbrauchen.

Nährwerte pro EL:	
kcal	10
Eiweiß	0,1 g
Fett	0 g
Kohlenhydrate	2,4 g
Ballaststoffe	0 g
Cholesterin	0 mg
Broteinheiten	0,2

Süßer Topfenaufstrich

7 PORTIONEN

125 g Magertopfen (-quark)
35 ml Mineralwasser mit Kohlensäure
1 EL Marmelade nach Belieben

ZUBEREITUNG:

Magertopfen und Mineralwasser mit einer Gabel cremig verrühren. Marmelade untermischen.

TIPPS

- Dieser Aufstrich ist eine hervorragende Alternative zu Butter und Marmelade fürs Frühstücksbrot.
- Je nach Gusto kann man dafür jede Marmelade oder auch Honig verwenden.

Nährwerte pro Portion (25 g):	
kcal	21
Eiweiß	2,3 g
Fett	0 g
Kohlenhydrate	2,8 g
Ballaststoffe	0,1 g
Cholesterin	0 mg
Broteinheiten	0,2

Maroni-Schoko-Creme

10 PORTIONEN

5 g Bitterschokolade	
100 g Maroni, gekocht aus dem Glas oder tiefgekühltes Maronipüree	
125 g Magertopfen (-quark)	
2 EL Mineralwasser	
1 1/2 EL brauner Zucker	

ZUBEREITUNG:

Bitterschokolade über Dampf schmelzen lassen.

Maroni abtropfen lassen und pürieren.

Magertopfen mit Mineralwasser cremig rühren und Maronipüree, Zucker und geschmolzene Schokolade unterrühren.

Nährwerte pro Portion (25 g):

kcal	33
Eiweiß	1,8 g
Fett	0,3 g
Kohlenhydrate	5,5 g
Ballaststoffe	0,9 g
Cholesterin	0 mg
Broteinheiten	0,5

Köstliche Alternativen zu Kebab, Pizza, Leberkäsesemmel und Ähnlichem finden Sie auf den folgenden Seiten. Durch die Verwendung der richtigen Zutaten kann auch ein schneller Snack gesund und kalorienarm sein, ohne dass der Geschmack zu kurz kommt. Lassen Sie sich von Mini-Quiches, Pitataschen mit Huhn, Potatoe Wedges mit Dips und anderen kleinen Gerichten überzeugen!

Verwendete Abkürzungen:

EL	Esslöffel
TL	Teelöffel
l	Liter
ml	Milliliter
kg	Kilogramm
g	Gramm
Pkg.	Packung
Msp.	Messerspitze

Warme Snacks

Gratinierte Schinken-Käse-Ecken

12 STÜCK

- 100 g Putenschinken
- 100 g fettarmer Schnittkäse
- 2 EL Magerjogurt
- 1 Ei
- Salz, Pfeffer
- 6 Scheiben Vollkorntoastbrot
- Petersilie, gehackt

ZUBEREITUNG:

Backrohr auf 180 °C vorheizen.

Putenschinken und Käse in feine Würfel schneiden. Magerjogurt und Ei vermischen, die Schinken- und Käsewürfel untermischen, mit Salz und Pfeffer pikant abschmecken.

Vollkorntoastbrotscheiben auflegen, diagonal halbieren. Jedes Stück mit Gratiniermasse bestreichen. Auf einen Rost legen und im vorgeheizten Backrohr ca. 15 Minuten gratinieren.

Mit gehackter Petersilie bestreut servieren.

Nährwerte pro Stück:	
kcal	68
Eiweiß	6,3 g
Fett	1,9 g
Kohlenhydrate	6,2 g
Ballaststoffe	0,4 g
Cholesterin	27 mg
Broteinheiten	0,5

Pilz-Crostini

12 STÜCK

- 400 g Pilze nach Saison
- 2 Zwiebeln
- 1 Knoblauchzehe
- 1 EL Olivenöl
- Salz, Pfeffer
- Petersilie, gehackt
- 12 Scheiben Vollkornbaguette (à 30 g)

ZUBEREITUNG:

Pilze blättrig schneiden. Zwiebeln und Knoblauch fein hacken. Pilze, Zwiebeln und Knoblauch in einer beschichteten Pfanne in Olivenöl scharf anbraten. Sobald die Pilze Wasser lassen, Pfanne vom Herd nehmen und Pilze mit Salz, Pfeffer und gehackter Petersilie würzen.

Vollkornbaguettescheiben toasten. Die heiße Pilzmasse darauf verteilen und sofort servieren.

TIPP

▸ Besonders fein schmecken diese Crostini mit Steinpilzen, man kann sie aber auch mit allen anderen Pilzsorten zubereiten.

Nährwerte pro Stück:	
kcal	93
Eiweiß	3,4 g
Fett	2 g
Kohlenhydrate	15 g
Ballaststoffe	1,7 g
Cholesterin	0 mg
Broteinheiten	1,3

Potatoe Wedges mit Dipsoßen

4 PORTIONEN

Potatoe Wedges:

- 500 g Kartoffeln, vorwiegend festkochend
- Salz, Pfeffer, Paprika

Kräuter-Dip:

- 250 g Magerjogurt
- Salz, Pfeffer
- gehackte Kräuter nach Belieben

Cocktail-Dip:

- 150 g Magerjogurt
- 100 g Ketchup

TIPP

▸ Wenn Sie die Mengen verdoppeln und einen Salat zu den Potatoe Wedges servieren, können diese auch eine hervorragende Hauptspeise sein.

Nährwerte pro Portion:

kcal	161
Eiweiß	6,6 g
Fett	1,2 g
Kohlenhydrate	28,7 g
Ballaststoffe	3,4 g
Cholesterin	3 mg
Broteinheiten	2,4

ZUBEREITUNG:

Potatoe Wedges:

Backrohr auf 180 °C vorheizen.

Kartoffeln waschen und abbürsten. Der Länge nach in Spalten schneiden und auf ein mit Backpapier ausgelegtes Backblech legen. Aus Salz, Pfeffer und Paprika eine Gewürzmischung bereiten, diese über die Kartoffelspalten streuen.

Potatoe Wedges ins vorgeheizte Backrohr schieben und ca. 30 Minuten backen.

Dips:

Das Jogurt für die Dips in einem Kaffeefilter über einem großen Glas ca. 15 Minuten abtropfen lassen.

Für den Kräuterdip abgetropftes Jogurt mit Salz, Pfeffer und gehackten Kräutern nach Belieben vermischen.

Für den Cocktail-Dip abgetropftes Jogurt mit Ketchup vermischen.

Die Dips in kleine Schüsseln füllen und zu den Potatoe Wedges reichen.

Mini-Gemüsequiches

12 STÜCK

Teig:

- 150 g Dinkelvollkornmehl
- 1/2 Pkg. Backpulver
- Salz
- 75 g Magertopfen (-quark)
- 3 EL Rapsöl
- 3 EL Magermilch

Fülle:

- 150 g Magerjogurt
- 1 Karotte
- 50 g Sellerie
- 50 g Lauch
- 50 g Erbsen
- 1 EL Rapsöl
- 50 g fettarmer Schnittkäse
- 1 Ei
- Salz, Pfeffer, Muskat

beschichtete Muffinsformen

Nährwerte pro Stück:

kcal	111
Eiweiß	5,8 g
Fett	4,8 g
Kohlenhydrate	10,8 g
Ballaststoffe	2,4 g
Cholesterin	21 mg
Broteinheiten	0,9

ZUBEREITUNG:

Teig:

Aus Vollkornmehl, Backpulver, Salz, Topfen, Öl und Magermilch mit der Hand oder mit einem Knethaken einen glatten Teig bereiten. Diesen auf einer bemehlten Arbeitsfläche ca. 3 mm dünn ausrollen, mit einem runden Keksausstecher in geeigneter Größe Teigscheiben ausstechen und in Muffinsformen drücken.

Backrohr auf 160 °C vorheizen.

Fülle:

Magerjogurt in einem Kaffeefilter über einem Glas abtropfen lassen. Karotte und Sellerie grob raspeln, Lauch in feine Ringe schneiden. Gemüse in einer beschichteten Pfanne in Rapsöl einige Minuten anrösten. Vom Herd nehmen und überkühlen lassen.

Für die Gratiniermasse Käse reiben. Magerjogurt und Ei verquirlen, Käse untermischen, mit Salz, Pfeffer und Muskat abschmecken.

Gemüsemasse in die Muffinsformen füllen, mit Gratiniermasse übergießen. Quiches im vorgeheizten Backrohr ca. 25 Minuten goldbraun backen.

Mini-Zwiebelquiches

12 STÜCK

Teig:

150 g Dinkelvollkornmehl
1/2 Pkg. Backpulver
Salz
75 g Magertopfen (-quark)
3 EL Rapsöl
3 EL Magermilch

Fülle:

150 g Magerjogurt
2 Zwiebeln
50 g Putenschinken
1 EL Rapsöl
50 g fettarmer Schnittkäse
1 Ei
Salz, Pfeffer, Kümmel

beschichtete Muffinsformen

TIPPS

- Diese Zwiebelquiches sind ein toller Snack für Buffets.
- Sie schmecken auch kalt hervorragend.

Nährwerte pro Stück:

kcal	103
Eiweiß	5,7 g
Fett	4,8 g
Kohlenhydrate	9 g
Ballaststoffe	1,4 g
Cholesterin	24 mg
Broteinheiten	0,8

ZUBEREITUNG:

Teig:

Aus Vollkornmehl, Backpulver, Salz, Topfen, Öl und Magermilch mit der Hand oder mit einem Knethaken einen glatten Teig bereiten.

Diesen auf einer bemehlten Arbeitsfläche ca. 3 mm dünn ausrollen, mit einem runden Keksausstecher in geeigneter Größe Teigscheiben ausstechen und in Muffinsformen drücken.

Backrohr auf 160 °C vorheizen.

Fülle:

Magerjogurt in einem Kaffeefilter über einem Glas abtropfen lassen. Zwiebeln in feine Ringe, Putenschinken in Würfel schneiden. Zwiebelringe in einer beschichteten Pfanne in Rapsöl goldbraun rösten, Schinkenwürfel zugeben und kurz mitrösten. Vom Herd nehmen und überkühlen lassen.

Für die Gratiniermasse Käse reiben. Magerjogurt und Ei verquirlen, geriebenen Käse untermischen, mit Salz und Pfeffer abschmecken.

Zwiebelmasse in Muffinsformen füllen, mit Gratiniermasse übergießen, mit Kümmel bestreuen. Quiches im vorgeheizten Backrohr ca. 25 Minuten goldbraun backen.

Mini-Spinatpizzas

20 STÜCK

Teig:

- 40 g frische Germ (Hefe)
- 300 ml lauwarmes Wasser
- 500 g Dinkelvollkornmehl
- Salz

Belag:

- 200 g Blattspinat
- Wasser
- Salz, Pfeffer
- 300 g geschälte Tomaten
- 1 Knoblauchzehe
- 200 g fettarmer Mozzarella
- Oregano, Basilikum, Rosmarin

TIPP

- Diese Version ist die vegetarische Alternative der Mini-Pizzas.

Nährwerte pro Stück:

kcal	99
Eiweiß	5,5 g
Fett	1,7 g
Kohlenhydrate	15,4 g
Ballaststoffe	2,9 g
Cholesterin	4 mg
Broteinheiten	1,3

ZUBEREITUNG:

Teig:

Die Germ im Wasser auflösen, Vollkornmehl und Salz untermischen, mit der Hand oder mit einem Knethaken gut durchkneten. Teig an einem warmen Ort zugedeckt ca. 45 Minuten gehen lassen.

Belag:

Blattspinat in etwas Wasser wenige Minuten dünsten, salzen und pfeffern. Die geschälten Tomaten fein passieren und mit Salz und Pfeffer würzen. Knoblauch pressen und unter die Tomatenmasse mischen. Mozzarella grob reiben.

Backrohr auf 180 °C vorheizen.

Germteig noch einmal durchkneten. 5 mm dick ausrollen und mit einem runden Keksausstecher ca. 7 cm große Scheiben ausstechen. Diese auf ein mit Backpapier ausgelegtes Backblech legen, jeweils mit 1 EL Tomatensoße bestreichen, mit Blattspinat belegen, Mozzarella darauf verteilen, mit Gewürzen bestreuen und im vorgeheizten Backrohr ca. 15 Minuten backen.

Mini-Schinkenpizzas

20 STÜCK

Teig:

40 g frische Germ (Hefe)
300 ml lauwarmes Wasser
500 g Dinkelvollkornmehl
Salz

Belag:

300 g geschälte Tomaten
Salz, Pfeffer
1 Knoblauchzehe
2 Zwiebeln
150 g Putenschinken
200 g fettarmer Mozzarella
Oregano, Basilikum, Rosmarin

TIPPS

- Diese Mini-Pizzas begeistern vor allem Kinder.
- Sie können beliebig auch mit Gemüse (z. B. Mais, Zucchini) belegt werden.

Nährwerte pro Stück:

kcal	107
Eiweiß	6,1 g
Fett	1,2 g
Kohlenhydrate	15,6 g
Ballaststoffe	2,7 g
Cholesterin	9 mg
Broteinheiten	1,3

ZUBEREITUNG:

Teig:

Germ in Wasser auflösen, Vollkornmehl und Salz untermischen, mit der Hand oder mit einem Knethaken gut durchkneten. Teig an einem warmen Ort zugedeckt ca. 45 Minuten gehen lassen.

Belag:

Die geschälten Tomaten fein passieren, salzen und pfeffern. Knoblauch pressen und unter die Tomatenmasse mischen. Zwiebeln in feine Ringe und Putenschinken in Würfel schneiden, Mozzarella grob reiben.

Backrohr auf 180 °C vorheizen.

Den Teig noch einmal durchkneten, auf einer bemehlten Arbeitsfläche 5 mm dick ausrollen. Mit einem runden Keksausstecher (Durchmesser 7 cm) kleine Scheiben ausstechen. Diese auf ein mit Backpapier ausgelegtes Backblech legen, jeweils mit 1 EL Tomatensoße bestreichen, mit Schinken, Zwiebelringen und Mozzarella belegen, mit Gewürzen bestreuen.

Mini-Pizzas im vorgeheizten Backrohr ca. 15 Minuten backen.

Überbackene Gemüse-Mozzarella-Schnitten

10 STÜCK

- 1/2 gelber Paprika
- 1/2 roter Paprika
- 1/2 grüner Paprika
- 200 g geschälte Tomaten (Dose)
- 1 Pkg. fettarmer Mozzarella
- Salz, Pfeffer
- 2 Grahamweckerln
- Kräuter nach Belieben

ZUBEREITUNG:

Backrohr auf 180 °C vorheizen.

Paprika feinwürfelig schneiden. Tomaten abtropfen lassen, der Länge nach halbieren, entkernen, Fruchtfleisch würfelig schneiden. Mozzarella grob reiben. Gemüsewürfel und Mozzarella vermischen, mit Salz und Pfeffer abschmecken.

Grahamweckerln schräg in Scheiben schneiden. Schnittflächen mit der Gemüse-Mozzarella-Mischung belegen, auf einen Rost legen und im vorgeheizten Backrohr ca. 10 Minuten gratinieren.

TIPP

- Mit einem großen Salat serviert können diese Schnitten durchaus auch eine Hauptspeise sein.

Nährwerte pro Stück:	
kcal	62
Eiweiß	3,9 g
Fett	1,6 g
Kohlenhydrate	7,7 g
Ballaststoffe	1,4 g
Cholesterin	5 mg
Broteinheiten	0,6

Pitatasche mit Huhn

2 PORTIONEN

- 2 Pitabrote (Fertigprodukt)
- 2 Salatblätter · 1 Tomate
- 1/2 Zwiebel · 1 Knoblauchzehe
- 100 g Magerjogurt
- Salz, Pfeffer
- 100 g Hühnerbrust
- Salz, Cayennepfeffer
- 1 TL Olivenöl

ZUBEREITUNG:

Pitabrote nach Packungsanleitung erwärmen.

Salatblätter klein schneiden, Tomate halbieren und in Scheiben, Zwiebel in feine Ringe schneiden. Knoblauchzehe pressen, ins Magerjogurt einrühren, dieses mit Salz und Pfeffer abschmecken.

Hühnerbrust blättrig schneiden, mit Salz und Cayennepfeffer je nach gewünschter Schärfe würzen und in einer beschichteten Pfanne in Olivenöl braten.

Hühnerfleisch und Gemüse in die warmen Pitataschen füllen, mit Knoblauchjogurt beträufeln und sofort essen.

TIPPS

- Diese Pitatasche ist eine gute Alternative zu Kebab.
- Aufgrund des für einen Snack relativ hohen Energiegehaltes kann sie durchaus auch eine kleine Hauptspeise sein.

Nährwerte pro Portion:	
kcal	291
Eiweiß	19,3 g
Fett	6,9 g
Kohlenhydrate	36,8 g
Ballaststoffe	2,7 g
Cholesterin	35 mg
Broteinheiten	3,1

Polentaspieße mit Feigen und Lachsschinken

24 STÜCK

- 375 ml Magermilch
- Salz, Pfeffer
- 120 g Polenta
- 20 g geriebener Parmesan
- 4 Feigen
- 24 dünne kleine Scheiben Lachsschinken (ca. 150 g)
- 24 Salbeiblätter
- 1 EL Olivenöl

- Zahnstocher

Nährwerte pro Stück:

kcal	45
Eiweiß	2,8 g
Fett	1,1 g
Kohlenhydrate	5,8 g
Ballaststoffe	0,5 g
Cholesterin	5 mg
Broteinheiten	0,5

ZUBEREITUNG:

Magermilch aufkochen, salzen und pfeffern, Polenta einrieseln lassen und unter ständigem Rühren ca. 10 Minuten bei kleiner Hitze köcheln lassen. Geriebenen Parmesan unterrühren.

Die Masse etwa 2 – 3 cm hoch auf ein mit Backpapier ausgelegtes Backblech streichen und auskühlen lassen.

Inzwischen die Feigen jeweils in 6 Spalten schneiden. Jede Scheibe Lachsschinken einrollen, mit einem Salbeiblatt belegen, mit einem Zahnstocher fixieren und in je eine Feigenspalte stecken.

Die Polenta mit einem Messer oder mit dem Pizzaroller in 24 Stücke schneiden. Diese in einer beschichteten Pfanne in Olivenöl von beiden Seiten goldbraun backen, auf Küchenpapier abtropfen lassen.

Auf jede Polentaschnitte einen Zahnstocher mit Feigenspalte und Lachsschinkenröllchen stecken, die Spieße auf einer Platte dekorativ anrichten.

Spinatmuffins

12 STÜCK

400 g Blattspinat, tiefgekühlt
Salz, Pfeffer, Muskatnuss
3 Knoblauchzehen
225 g Dinkelvollkornmehl
3 EL Haferflocken · 1 Pkg. Backpulver
200 ml Buttermilch · 1 Ei
50 ml Rapsöl
50 g Parmesan, gerieben

beschichtete Muffinsformen

ZUBEREITUNG:

TIPP
- Die Muffins schmecken warm und kalt sehr gut.

Backrohr auf 180 °C vorheizen.

Blattspinat auftauen lassen, wenige Minuten dünsten, ausdrücken und mit Salz, Pfeffer, Muskatnuss und zerdrücktem Knoblauch würzen.

Vollkornmehl mit Haferflocken und Backpulver vermischen. Buttermilch und Ei versprudeln, Rapsöl untermischen. Die flüssigen Zutaten in die Mehlmischung geben und zu einem Teig vermischen. Spinat und geriebenen Parmesan unterheben, mit Salz und Pfeffer abschmecken.

Muffinsformen mit Teig füllen und im vorgeheizten Backrohr ca. 30 Minuten backen.

Nährwerte pro Stück:	
kcal	137
Eiweiß	5,8 g
Fett	6,2 g
Kohlenhydrate	14,1 g
Ballaststoffe	2,9 g
Cholesterin	24 mg
Broteinheiten	1,2

Tortillas mit Huhn

2 STÜCK

1/2 Zwiebel · 1/2 gelber Paprika
100 g Salatgurke · 1 Tomate
2 große Salatblätter
100 g Hühnerfilet ohne Haut
Salz, Pfeffer, Paprika · 1 TL Olivenöl
2 kleine Tortillas (Fertigprodukt)
2 EL Hot-Ketchup

ZUBEREITUNG:

TIPPS
- Als warmes Gericht wärmen Sie die Tortillas trocken in einer beschichteten Pfanne und füllen die Hühnerstücke heiß ein.
- Servieren Sie die Tortillas kalt, können Sie statt frisch gebratenen Hühnerfilets auch Putenschinken verwenden.

Zwiebel und Paprika in feine Ringe, Gurke und Tomate in feine Scheiben schneiden. Salatblätter waschen und trockentupfen. Hühnerfilet in feine Streifen schneiden, mit Salz, Pfeffer und Paprika kräftig würzen, in Olivenöl scharf anbraten.

Tortillas mit je einem EL Ketchup bestreichen, mit einem Salatblatt belegen. Die gebratenen Hühnerstreifen und das geschnittene Gemüse darauf geben, etwas salzen und pfeffern. Tortillas zusammenklappen.

Nährwerte pro Stück:	
kcal	200
Eiweiß	15,6 g
Fett	5 g
Kohlenhydrate	21,9 g
Ballaststoffe	2,5 g
Cholesterin	34 mg
Broteinheiten	1,8

Tofubällchen mit Dip

16 STÜCK

Tofubällchen:

150 g Räuchertofu, fest
1 Ei
1 EL Sojasoße
1/2 Karotte
20 g Frühlingszwiebel
2 EL gehackte Petersilie
3 EL Dinkelvollkornmehl
1/2 TL Kardamom
1 l Gemüsebrühe

Dip:

2 Knoblauchzehen
1 nussgroßes Stück Ingwer
1 Chilischote
1 Zitrone, unbehandelt
8 EL Sojasoße

Zahnstocher

ZUBEREITUNG:

Tofubällchen:

Tofu gemeinsam mit dem Ei und der Sojasoße fein pürieren. Karotte fein raspeln und ausdrücken, Frühlingszwiebel sehr fein schneiden. Gemüse und gehackte Petersilie unter die Masse mischen, zuletzt Vollkornmehl untermischen, mit Kardamom würzen. Die Masse ca. 15 Minuten ziehen lassen, danach 16 gleich große Kugeln formen.

Gemüsebrühe erhitzen, Tofukugeln vorsichtig einlegen und ca. 10 Minuten ziehen lassen. Die Suppe sollte dabei nur sieden, aber nicht kochen!

Dip:

Knoblauch, Ingwer und Chili sehr fein schneiden, von der Zitrone 1 EL Schale abreiben. Alles mit der Sojasoße vermischen. Dip in eine geeignete Schüssel geben.

Die Tofubällchen aus der Suppe nehmen und auf einem Teller anrichten. In jedes Bällchen einen Zahnstocher stecken, den Dip separat dazureichen.

Nährwerte pro Stück:

kcal	31
Eiweiß	2,4 g
Fett	1 g
Kohlenhydrate	3 g
Ballaststoffe	0,5 g
Cholesterin	15 mg
Broteinheiten	0,3

TIPPS

- Die Tofubällchen schmecken auch lauwarm oder kalt sehr gut.
- Damit die Bällchen nicht zerfallen, sollten Sie darauf achten, festen Tofu zu verwenden. Haben Sie nur weichen Tofu, zerkleinern Sie ihn grob, schlagen ihn in ein Geschirrtuch ein und drücken ihn gut aus.
- Mit etwas geriebenem magerem Schnittkäse können die Bällchen geschmacklich variiert werden.
- Die Tofubällchen können statt gekocht auch im Backrohr bei 180 °C 15 Minuten gebacken werden.

Für den kleinen Hunger oder auch für Buffets und kalte Platten eignen sich unsere kalten Snacks ganz besonders gut. Natürlich sind sie allesamt fettarm und voller günstiger Inhaltsstoffe. Verwöhnen Sie auch Ihre Gäste mit leichten Genüssen wie Lachs-Frischkäse-Roulade auf Pumpernickel, Jogurt-Kräuter-Terrine und Spinatpalatschinke auf Tomatensalat!

Verwendete Abkürzungen:

EL	Esslöffel
TL	Teelöffel
l	Liter
ml	Milliliter
kg	Kilogramm
g	Gramm
Pkg.	Packung
Msp.	Messerspitze

Kalte Snacks

Gefüllte Tomaten

4 STÜCK

1 Frühlingszwiebel
1/8 l Gemüsesuppe
100 g Couscous
4 große Tomaten
Salz, Pfeffer
1 Knoblauchzehe
etwas Zitronensaft
Kräuter nach Belieben (Petersilie, Basilium, Oregano, Rosmarin,...)

ZUBEREITUNG:

Frühlingszwiebel fein schneiden. Gemüsesuppe aufkochen, Couscous und Frühlingszwiebel einrühren. Herdplatte abdrehen und Couscous zugedeckt 5 Minuten ausquellen und auskühlen lassen.

Inzwischen von den Tomaten die Deckel abschneiden und Tomaten aushöhlen.

Couscous-Masse mit Salz, Pfeffer, zerdrücktem Knoblauch, Zitronensaft und den gehackten Kräutern vermischen. Die ausgehöhlten Tomaten damit füllen und mit Kräutern garniert servieren.

Nährwerte pro Stück:

kcal	65
Eiweiß	2,2 g
Fett	2,5 g
Kohlenhydrate	7,9 g
Ballaststoffe	2 g
Cholesterin	3 mg
Broteinheiten	0,7

Mit Tunfisch gefüllte Gurke

20 STÜCK

1/2 Salatgurke · 1/2 roter Paprika
100 g Tunfisch in Salzlake (Dose)
100 g magerer Frischkäse
etwas Zitronensaft · Salz, Pfeffer
Blattsalat nach Saison für die Garnitur

Frischhaltefolie

ZUBEREITUNG:

Gurke der Länge nach halbieren, mit einem kleinen Löffel vorsichtig bis auf ca. 1 cm Rand aushöhlen. Paprika in sehr kleine Würfel schneiden. Tunfisch abtropfen lassen, mit Frischkäse und Zitronensaft glatt rühren, Paprikawürfel untermischen, mit Salz und Pfeffer würzen. Die Gurkenhälften mit der Tunfischmasse füllen, wieder zusammensetzen, in Frischhaltefolie wickeln und eine halbe Stunde im Kühlschrank ziehen lassen.

Danach vorsichtig in Scheiben schneiden und dekorativ auf Blattsalat anrichten.

Nährwerte pro Stück:

kcal	41
Eiweiß	4,3 g
Fett	1,9 g
Kohlenhydrate	1,3 g
Ballaststoffe	0,4 g
Cholesterin	9 mg
Broteinheiten	0,1

Jogurt-Kräuter-Terrine mit getrockneten Tomaten

8 SCHEIBEN

5 Blatt Gelatine
1 Knoblauchzehe
1 EL frischer Thymian
1 EL frisches Basilikum
1 EL frischer Oregano
200 g fettarmer Frischkäse
200 g Magerjogurt
Salz, Pfeffer
4 getrocknete Tomaten

kleine Terrinenform
Frischhaltefolie

TIPPS

- Diese Terrine schmeckt sowohl mit Salat oder Gemüserohkost als auch als Brotbelag hervorragend.
- Sie kann bereits am Vortag zubereitet und über Nacht kühl gestellt werden.

Nährwerte pro Scheibe:

kcal	50
Eiweiß	6,3 g
Fett	0,7 g
Kohlenhydrate	4 g
Ballaststoffe	0,9 g
Cholesterin	2 mg
Broteinheiten	0,3

ZUBEREITUNG:

Gelatine in Wasser einweichen.

Knoblauch pressen, Kräuter hacken.

Frischkäse mit Magerjogurt glatt rühren, die gehackten Kräuter und den gepressten Knoblauch untermischen. Masse mit Salz und Pfeffer abschmecken.

Gelatine ausdrücken, in wenig Wasser vorsichtig erwärmen und auflösen. Gelatine unter die Jogurt-Kräuter-Masse mischen.

Terrinenform mit Frischhaltefolie auslegen. Jogurtmasse einfüllen, glatt streichen, mit Frischhaltefolie abdecken. Terrine mindestens 5 Stunden kalt stellen.

Getrocknete Tomaten fein schneiden. Terrine stürzen, in 8 Scheiben schneiden und mit den Tomatenstücken bestreuen.

Gefüllte Wraps mit Lachs und Kren

12 STÜCK

Wraps:

- 200 ml Magermilch
- 1 Ei
- Salz
- 100 g Mehl

Füllung:

- 150 g fettarmer Frischkäse
- 1 EL Magerjogurt
- 1 EL Zitronensaft
- 1 EL geriebener Kren (Meerrettich)
- 150 g Räucherlachs (6 Scheiben)
- Dille zum Garnieren

ZUBEREITUNG:

Wraps:

Magermilch mit Ei versprudeln, etwas salzen, Mehl einrühren. Aus dem Teig in einer beschichteten Pfanne ohne Öl 6 kleine Wraps backen. Auskühlen lassen.

Füllung:

Frischkäse mit Magerjogurt und Zitronensaft glatt rühren, Kren untermischen.

Jeweils einen Wrap mit einem Sechstel der Frischkäsemasse bestreichen, mit einer Räucherlachsscheibe belegen und einrollen. Jede Rolle schräg halbieren, das untere Ende gerade schneiden und stehend auf einer Servierplatte anrichten, mit Dille garnieren.

Nährwerte pro Stück:

kcal	72
Eiweiß	6,6 g
Fett	1,6 g
Kohlenhydrate	7,5 g
Ballaststoffe	0,4 g
Cholesterin	25 mg
Broteinheiten	0,6

TIPP

- Werden die Wraps nicht sofort nach dem Zubereiten gegessen, lagert man sie am besten in Frischhaltefolie gewickelt im Kühlschrank.

Lachs-Frischkäse-Roulade auf Pumpernickel

25 STÜCK

- 200 g Rächerlachs
- 1 Bund Dille
- 200 g magerer Frischkäse
- 1 EL Magerjogurt
- 2 EL frisch geriebener Kren (Meerrettich)
- Salz, Pfeffer
- 25 Scheiben Pumpernickel (Rolle)
- Alufolie

ZUBEREITUNG:

Ein großes Stück Alufolie auflegen. Eine Schicht Räucherlachs in Form eines großen Rechtecks darauf legen. Dille fein hacken. Gehackte Dille großzügig auf dem Räucherlachs verteilen und etwas andrücken. Frischkäse mit Magerjogurt und frisch geriebenem Kren cremig rühren, mit Salz und Pfeffer würzen. Frischkäsemasse mit einem Messer auf dem mit Dille belegten Lachs verstreichen.

Lachs mithilfe der Alufolie vorsichtig von einer Seite zu einer festen Roulade aufrollen. Alufolie verschließen, Roulade ca. 2 Stunden im Gefrierfach anfrieren lassen, damit sie sich besser schneiden lässt.

Anschließend aus dem Gefrierfach nehmen, Alufolie vorsichtig abziehen. Roulade in zentimeterdicke Scheiben schneiden. Pumpernickelscheiben auflegen und jeweils eine Lachsrolle darauf setzen.

Nährwerte pro Stück:

kcal	37
Eiweiß	3,5 g
Fett	0,8 g
Kohlenhydrate	3,8 g
Ballaststoffe	0,8 g
Cholesterin	3 mg
Broteinheiten	0,3

Pikanter Schinkensalat

2 PORTIONEN

- 100 g Putenschinken in Scheiben
- 50 g fettarmer Schnittkäse in Scheiben
- 2 Essiggurken
- 2 Radieschen
- 30 g Jungzwiebel
- Balsamicoessig
- 1 EL Oliven- oder Rapsöl
- Salz, Pfeffer

ZUBEREITUNG:

Putenschinken und Schnittkäse in feine Streifen schneiden. Essiggurken in kleine Stücke, Radieschen in feine Stifte und Jungzwiebel in feine Ringe schneiden.

Aus Balsamicoessig, Öl, Salz und Pfeffer eine Marinade bereiten und mit den restlichen Zutaten vermischen.

TIPPS

- Zum Schinkensalat passt Vollkornbrot oder -gebäck.
- Er kann dann auch gleich eine Hauptspeise ersetzen.
- Füllt man die Marinade in einen eigenen Behälter, kann man den Wurstsalat auch gut als Jause ins Büro mitnehmen und ihn dort erst marinieren.

Nährwerte pro Portion:

kcal	160
Eiweiß	19,7 g
Fett	8 g
Kohlenhydrate	1,6 g
Ballaststoffe	0,6 g
Cholesterin	36 mg
Broteinheiten	0,1

Lachs-Pumpernickel-Terrine

14 SCHEIBEN

- 4 TL Dijonsenf
- 4 TL Estragonsenf
- 10 Scheiben Pumpernickel
- 200 g magerer Frischkäse
- 200 g Räucherlachs (8 Scheiben)
- Dille zum Garnieren

- Terrinen- oder Kastenform
- Frischhaltefolie

ZUBEREITUNG:

Terrinenform mit Frischhaltefolie auslegen.

Dijon- und Estragonsenf vermischen.

Den Boden der Terrinenform mit 2 Scheiben Pumpernickel auslegen, Pumpernickel eventuell vorher zurechtschneiden. Pumpernickelschicht mit einem Viertel des Frischkäses bestreichen, zwei Lachsscheiben darauf legen, zwei weitere mit einem Viertel des Frischkäses bestrichene Scheiben Pumpernickel mit der Frischkäseseite nach unten darauf legen. Pumpernickelschicht mit einem Viertel der Senfmasse bestreichen, zwei Scheiben Lachs darauf legen, ein weiteres Viertel der Senfmasse aufstreichen, mit zwei Pumpernickelscheiben belegen. Schichtung ab der ersten Frischkäseschicht wiederholen, die letzte Lage bilden zwei Pumpernickelscheiben.

Terrine mit Frischhaltefolie verschließen und im Kühlschrank am besten über Nacht, mindestens aber einige Stunden durchziehen lassen.

Vor dem Servieren Terrine stürzen und mit einem scharfen Messer vorsichtig in 14 Scheiben schneiden, mit Dillzweigen garnieren.

Nährwerte pro Scheibe:

kcal	109
Eiweiß	7,8 g
Fett	1,6 g
Kohlenhydrate	15,4 g
Ballaststoffe	3,5 g
Cholesterin	6 mg
Broteinheiten	1,3

Nudelsalat

2 PORTIONEN

80 g Vollkornspiralen
Wasser
Salz
1 Karotte
50 g Erbsen
50 ml Gemüsesuppe
2 Essiggurken
50 g magerer Frischkäse
2 EL Magerjogurt
1 hart gekochtes Ei
Salz, Pfeffer
Balsamicoessig

ZUBEREITUNG:

Vollkornspiralen in reichlich Salzwasser ca. 8 Minuten bissfest kochen, abgießen und überkühlen lassen.

Karotte in kleine Stücke schneiden und gemeinsam mit den Erbsen in etwas Gemüsesuppe bissfest dünsten, auskühlen lassen. Essiggurken fein schneiden.

Frischkäse mit Magerjogurt glatt rühren. Eiweiß des hart gekochten Eies fein schneiden. Eigelb unter die Frischkäsemasse mischen, diese mit Salz, Pfeffer und Balsamicoessig abschmecken.

Gekochte Spiralen und das Gemüse mit der Frischkäsemasse vermischen.

TIPPS

- Am besten schmeckt dieser Nudelsalat, wenn man ihn längere Zeit durchziehen lässt. Deshalb kann man ihn auch am Vortag zubereiten und als Jause mitnehmen.
- Vergrößert man die Nudelmenge ein wenig, ist dieser Salat gleich eine Hauptspeise.

Nährwerte pro Portion:

kcal	252
Eiweiß	17,3 g
Fett	5 g
Kohlenhydrate	33,2 g
Ballaststoffe	8,2 g
Cholesterin	120 mg
Broteinheiten	2,8

Pizzatörtchen mit Lachs

8 STÜCK

- 1 fertiger Pizzateig (260 g)
- 150 g Räucherlachs
- 1 TL Zitronensaft
- Pfeffer
- 50 g Räucherlachs
- 160 g Magertopfen (-quark)
- 1/2 TL Senf
- Salz, Pfeffer
- Dille zum Garnieren

ZUBEREITUNG:

Backrohr auf 180° C vorheizen.

Pizzateig auf einer bemehlten Arbeitsfläche ausrollen. Mit einem großen, runden Keksausstecher mit ca. 8 cm Durchmesser 8 Törtchen ausstechen. Diese mit einer Gabel anstechen, auf ein mit Backpapier ausgelegtes Backblech legen und im vorgeheizten Rohr 15 Minuten backen, herausnehmen und auskühlen lassen.

150 g Räucherlachs fein hacken, mit Zitronensaft und Pfeffer würzen. 50 g Räucherlachs mit einem Stabmixer pürieren, mit Magertopfen vermengen und würzen. Diese Lachsmousse auf die Pizzatörtchen streichen, mit Lachstartar belegen und mit Dille garnieren.

Nährwerte pro Stück:

kcal	150
Eiweiß	10 g
Fett	5,2 g
Kohlenhydrate	15,4 g
Ballaststoffe	0,7 g
Cholesterin	28 mg
Broteinheiten	1,3

Tortillas mit Tunfisch

2 STÜCK

- 1/2 Zwiebel
- 50 g Gemüsemais (Dose)
- 50 g Kidneybohnen (Dose)
- 50 g Tunfisch in Salzlake (Dose)
- 2 große Salatblätter
- 100 g Magerjogurt
- Salz, Pfeffer
- 2 kleine Tortillas (Fertigprodukt)

ZUBEREITUNG:

Zwiebel in feine Ringe schneiden. Mais, Bohnen und Tunfisch abtropfen lassen. Salatblätter waschen und trockentupfen. Mais, Bohnen, Tunfisch und Magerjogurt vermischen, salzen und pfeffern.

Tortillas mit je einem Salatblatt belegen. Die Tunfischmasse darauf geben, Zwiebelringe darauf verteilen. Tortillas zusammenklappen.

Nährwerte pro Stück:

kcal	208
Eiweiß	12,4 g
Fett	6,5 g
Kohlenhydrate	23,6 g
Ballaststoffe	2,5 g
Cholesterin	22 mg
Broteinheiten	2

Spinatpalatschinke auf Tomatensalat

6 PORTIONEN

Palatschinken:
- 200 ml Magermilch
- 1 Ei
- Salz
- 100 g Mehl

Fülle:
- 750 g Spinat, fein passiert, tiefgekühlt
- 150 g Magerjogurt
- 5 Blatt Gelatine
- 250 g magerer Frischkäse
- 1 Schuss Mineralwasser
- Salz, Pfeffer
- 1 Knoblauchzehe

Salat:
- 6 Tomaten
- 1 Zwiebel
- Balsamicoessig
- 1 EL Olivenöl
- Salz, Pfeffer

Nährwerte pro Portion:

kcal	188
Eiweiß	16,5 g
Fett	4,2 g
Kohlenhydrate	19,2 g
Ballaststoffe	4,9 g
Cholesterin	42 mg
Broteinheiten	1,6

ZUBEREITUNG:

Palatschinken:

Magermilch mit Ei versprudeln, etwas salzen, Mehl einrühren. 6 Palatschinken in einer beschichteten Pfanne (ohne Öl) backen.

Fülle:

Spinat auftauen lassen, in ein Tuch einschlagen und vorsichtig ausdrücken. Magerjogurt in einem Kaffeefilter über einem Glas abtropfen lassen. Spinat mit Magerjogurt vermischen.

Gelatine einweichen. Etwas Spinatmasse über Wasserdampf erwärmen, ausgedrückte Gelatine darin auflösen.

Frischkäse mit einem Schuss Mineralwasser mit einer Gabel glatt rühren und unter die Spinatmasse mischen, mit Salz, Pfeffer und Knoblauch würzen.

Palatschinken auf Frischhaltefolie einzeln auflegen, zu jeweils zwei Dritteln mit der Spinatmasse bestreichen und fest einrollen. In Frischhaltefolie gewickelt einzeln für ca. 3 Stunden kalt stellen.

Salat:

Tomaten schneiden, Zwiebel fein hacken. Salat mit Balsamicoessig, Olivenöl, Salz und Pfeffer marinieren.
Palatschinken aus der Folie nehmen, quer aufschneiden und dekorativ auf dem Tomatensalat anrichten.

Mangold-Buttermilch-Sülzchen

8 SCHEIBEN

7 Blatt Gelatine
150 g Mangold
500 ml Buttermilch
125 g Magertopfen (-quark)
Salz, Pfeffer, Muskat

Terrinenform

ZUBEREITUNG:

Terrinenform (ca. 700 ml Inhalt) mit kaltem Wasser ausspülen und mit Frischhaltefolie auslegen.

Gelatine in kaltem Wasser einweichen.

Mangold in ca. 1/2 cm breite Streifen schneiden.

Buttermilch mit Topfen verrühren, mit Salz, Pfeffer und Muskat würzen. Einige Esslöffel dieser Masse über Wasserdampf erwärmen, gut ausgedrückte Gelatine darin auflösen, rasch in die restliche Buttermilch-Topfen-Masse rühren. Mangoldstreifen untermischen.

Masse in die Terrinenform füllen, mit Frischhaltefolie abdecken und mindestens 5 Stunden kühlen.

Danach stürzen und in 8 Scheiben schneiden.

TIPPS

- Lassen Sie sich dieses Sülzchen auf Tomatensalat schmecken.
- Als Brotbelag ist es auch zum Mitnehmen ins Büro hervorragend geeignet, sollte dort aber bis zum Verzehr gekühlt gelagert werden.

Nährwerte pro Scheibe:

kcal	45
Eiweiß	5,3 g
Fett	0,7 g
Kohlenhydrate	3,7 g
Ballaststoffe	0,4 g
Cholesterin	3 mg
Broteinheiten	0,3

Unterwegs, in der Schule oder im Büro ist es oft nicht einfach, eine gesunde Jause zu bekommen. Unsere Snacks zum Mitnehmen schaffen Abhilfe. Sie sind leicht zuzubereiten, eignen sich besonders gut für unterwegs und schmecken hervorragend. Probieren Sie z. B. Brot-Käse-Spieße, Fischburger und Olivenflade mit Rucola und Roastbeef!

Verwendete Abkürzungen:

EL	Esslöffel
TL	Teelöffel
l	Liter
ml	Milliliter
kg	Kilogramm
g	Gramm
Pkg.	Packung
Msp.	Messerspitze

Sna

s zum Mitnehmen

„Doppeldecker" mit Räuchertofu

1 PORTION

2 dünne Scheiben Vollkornbrot (à 30 g) (z. B. Rezept Seite 24)
2 Salatblätter
30 g Räuchertofu
1/2 Tomate
Salz, Pfeffer

ZUBEREITUNG:

Eine Vollkornbrotscheibe mit einem Salatblatt belegen. Räuchertofu und Tomate in Scheiben schneiden und auf dem Brot verteilen, salzen und pfeffern. Mit einem Salatblatt und der zweiten Brotscheibe abschließen.

Nährwerte pro Portion:	
kcal	142
Eiweiß	7,3 g
Fett	2,4 g
Kohlenhydrate	20,1 g
Ballaststoffe	3,8 g
Cholesterin	0 mg
Broteinheiten	1,7

Fischburger

1 PORTION

25 g fettarmer Frischkäse
1 TL Dijonsenf
1 Vollkornlaibchen (z. B. Rezept Seite 25)
1 Heringsfilet aus dem Glas („Russen")
1/4 Apfel
20 g Jungzwiebel

ZUBEREITUNG:

Frischkäse und Dijonsenf vermischen, Vollkornlaibchen aufschneiden und beide Schnittflächen mit der Masse bestreichen. Heringsfilet darauf legen.

Apfel in Scheiben und Jungzwiebel in feine Ringe schneiden, diese auf dem Heringsfilet verteilen. Weckerloberteil aufsetzen.

TIPPS

- Dieser Fischburger ist vom Energiegehalt her ein großer Snack und kann durchaus eine Hauptspeise ersetzen.
- Der höhere Energiegehalt kommt vom relativ hohen Fettgehalt des Herings. Dieser Fisch ist aber besonders reich an günstigen Omega-3-Fettsäuren und sollte deshalb auch beim Abnehmen regelmäßig gegessen werden.

Nährwerte pro Portion:	
kcal	323
Eiweiß	25,2 g
Fett	12 g
Kohlenhydrate	27,9 g
Ballaststoffe	4,6 g
Cholesterin	65 mg
Broteinheiten	2,3

Grahamweckerl mit Huhn und Senfcreme

1 PORTION

- 30 g fettarmer Frischkäse
- 1/2 TL Senf
- 1 TL Honig
- 1 kleine Tomate
- 1 Grahamweckerl
- 30 g geräucherte Hühnerbrust in Scheiben
- 10 g Rucola

ZUBEREITUNG:

Frischkäse, Senf und Honig zu einer Creme vermischen.

Tomate in Scheiben schneiden.

Grahamweckerl aufschneiden, beide Schnittflächen mit der Senfcreme bestreichen. Unterseite mit der Hühnerbrust und den Tomatenscheiben belegen, Rucola darauf verteilen und zweite Weckerlhälfte aufsetzen.

TIPP

▶ Auch dieses Weckerl kann aufgrund des für einen Snack relativ hohen Energiegehaltes durchaus eine Hauptspeise ersetzen.

Nährwerte pro Portion:	
kcal	230
Eiweiß	17,9 g
Fett	2,2 g
Kohlenhydrate	33,6 g
Ballaststoffe	5 g
Cholesterin	21 mg
Broteinheiten	2,8

Käse-Kräuter-Sandwichecken

1 PORTION

- 2 Scheiben Vollkorntoastbrot
- 2 Salatblätter
- 25 g Kräuteraufstrich (z. B. Rezept Seite 46)
- 25 g fettarmer Schnittkäse
- 4 Gurkenscheiben
- 4 Zahnstocher

ZUBEREITUNG:

Vollkorntoastscheibe mit einem Salatblatt belegen, mit Kräuteraufstrich bestreichen, mit Schnittkäse und Gurkenscheiben belegen und mit zweitem Salatblatt und Toastbrot abschließen.

Sandwich 2-mal diagonal halbieren, sodass 4 Dreiecke entstehen. Diese jeweils mit einem Zahnstocher fixieren.

Nährwerte pro Portion:	
kcal	200
Eiweiß	13,9 g
Fett	4,4 g
Kohlenhydrate	25,3 g
Ballaststoffe	1,9 g
Cholesterin	6 mg
Broteinheiten	2,1

Brot-Käse-Spieße

2 STÜCK

- 2 Scheiben Pumpernickel
- 25 g magerer Frischkäse
- 50 g fettarmer Schnittkäse im Ganzen
- 1/4 Salatgurke
- 1/4 Apfel
- 4 Cocktailtomaten
- Salz, Pfeffer
- 2 Holzspieße

ZUBEREITUNG:

Pumpernickelscheiben halbieren, halbierte Pumpernickelscheibe mit 1 EL Frischkäse bestreichen, eine weitere Brotscheibe darauf legen, wieder mit Frischkäse bestreichen, die dritte Scheibe darauf legen, mit Frischkäse bestreichen und mit Pumpernickel abschließen. Brotblock in 2 cm große Würfel schneiden. Schnittkäse ebenfalls in etwas kleinere Würfel schneiden. Salatgurke in 1 cm dicke Scheiben schneiden. Apfel in drei Spalten schneiden.

Auf die Holzspieße abwechselnd Pumpernickelblöcke, Gurkenscheiben, Apfelstücke, Käsewürfel und Tomaten stecken, mit etwas Salz und reichlich frisch gemahlenem Pfeffer bestreuen.

Nährwerte pro Stück:

kcal	186
Eiweiß	13,6 g
Fett	3,4 g
Kohlenhydrate	24,4 g
Ballaststoffe	5,6 g
Cholesterin	7 mg
Broteinheiten	2,0

TIPP

▸ Diese Brotspieße eignen sich hervorragend als Jause zum Mitnehmen und werden auch Kinder begeistern.

Olivenflade mit Rucola und Roastbeef

1 PORTION

- 1 Olivenflade (z. B. Rezept Seite 19)
- 25 g fettarmer Frischkäse
- 1 TL Dijonsenf
- 1 Scheibe Roastbeef
- 20 g Rucola

ZUBEREITUNG:

Olivenflade aufschneiden, Schnittflächen mit Frischkäse und Dijonsenf bestreichen. Roastbeefscheibe mit Rucola belegen und einrollen. Roastbeefroulade auf den Unterteil der Olivenflade legen, Oberteil aufsetzen.

Nährwerte pro Portion:

kcal	166
Eiweiß	12,9 g
Fett	6,2 g
Kohlenhydrate	14,2 g
Ballaststoffe	2,6 g
Cholesterin	17 mg
Broteinheiten	1,2

Sandwich mit Camembert und Preiselbeeren

1 STÜCK

- 2 Scheiben Vollkorntoast
- 20 g fettarmer Frischkäse
- 40 g fettarmer Camembert
- 1 EL Preiselbeeren

ZUBEREITUNG:

Eine Toastscheibe mit Frischkäse bestreichen. Camembert in Scheiben schneiden, die Toastscheibe damit belegen und die zweite Scheibe darauf setzen.

Preiselbeeren separat dazu reichen.

TIPP

▸ Dieses Sandwich ist aufgrund des Energiegehaltes ein größerer Snack oder kann erweitert um ein Jogurt und ein Stück Obst auch eine Hauptmahlzeit ersetzen.

Nährwerte pro Stück:

kcal	250
Eiweiß	16,5 g
Fett	7,2 g
Kohlenhydrate	28,8 g
Ballaststoffe	1,8 g
Cholesterin	15 mg
Broteinheiten	2,4

Vollkorntramezzini mit Lachsaufstrich

2 STÜCK

2 Scheiben Vollkorntoastbrot
2 Salatblätter
50 g Lachsaufstrich (z. B. Rezept Seite 32)
Dille, gehackt

ZUBEREITUNG:

Eine Toastbrotscheibe mit einem Salatblatt belegen, Lachsaufstrich und etwas gehackte Dille darauf verteilen, mit dem zweiten Salatblatt und der zweiten Toastbrotscheibe abschließen.

Sandwich diagonal in zwei Tramezzini schneiden.

TIPP

▸ Die beiden Salatblätter verhindern, dass das Toastbrot durch den Lachsaufstrich aufgeweicht wird.

Nährwerte pro Stück:	
kcal	98
Eiweiß	6,7 g
Fett	2,3 g
Kohlenhydrate	12,5 g
Ballaststoffe	1,1 g
Cholesterin	8 mg
Broteinheiten	1

Vollkornbrot mit Gemüse-Hüttenkäse-Fülle

1 PORTION

4 Salatblätter
10 g Gurke
1 Radieschen
2 Scheiben Vollkornbrot (à 30 g) (z. B. Rezept Seite 24)
2 EL fettarmer Hüttenkäse
Salz, Pfeffer

ZUBEREITUNG:

Salatblätter waschen und trockentupfen.

Gurke und Radieschen in dünne Scheiben schneiden.

Eine Scheibe Vollkornbrot auflegen, mit zwei Salatblättern belegen. Hüttenkäse darauf verteilen, mit Gurken- und Radieschenscheiben belegen.

Mit Salz und Pfeffer würzen, mit zwei Salatblättern und der zweiten Scheibe Vollkornbrot abschließen.

Nährwerte pro Portion:	
kcal	141
Eiweiß	8,9 g
Fett	1,3 g
Kohlenhydrate	20,5 g
Ballaststoffe	4,5 g
Cholesterin	2 mg
Broteinheiten	1,7

Schinken-Käse-Sandwichwürfel

8 STÜCK

- 6 Scheiben Vollkorntoastbrot
- 80 g fettarmer Frischkäse
- 25 g Putenschinken in Scheiben
- 25 g fettarmer Schnittkäse in Scheiben
- 50 g Salatgurke
- 8 Cocktailtomaten

- 8 kleine Holzspieße

ZUBEREITUNG:

2 Scheiben Vollkorntoastbrot mit Frischkäse bestreichen und mit Putenschinken belegen. Zwei weitere Scheiben Toastbrot mit Frischkäse bestreichen und mit der bestrichenen Seite nach unten auf die ersten Brote legen. Oben ebenfalls mit Frischkäse bestreichen und mit Schnittkäse belegen. Mit je einer auf der Unterseite mit Frischkäse bestrichenen Scheibe Toastbrot abschließen.

Von den Toastbrotstapeln die Rinde abschneiden. Jeden Stapel vorsichtig in vier Stücke schneiden und mit je einem Holzspieß fixieren.

Gurke der Länge nach halbieren und in insgesamt 8 Stücke schneiden. Auf die Holzspieße je ein Stück Gurke und eine Cocktailtomate stecken.

Nährwerte pro Stück:

kcal	71
Eiweiß	5 g
Fett	1,1 g
Kohlenhydrate	9,8 g
Ballaststoffe	0,8 g
Cholesterin	3 mg
Broteinheiten	0,8

Tunfischsalat im Glas

1 PORTION

- 30 g Blattsalat
- 2 Radieschen
- 50 g Salatgurke
- 50 g Gemüsemais (Dose)
- 50 g Tunfisch in Salzlake (Dose)
- Schnittlauch
- 100 g Magerjogurt
- Balsamicoessig
- 1 TL Zitronensaft
- Salz, Pfeffer

- 1 Einmachglas mit Deckel

ZUBEREITUNG:

Blattsalat in kleine, mundgerechte Stücke schneiden. Radieschen und Gurke halbieren und blättrig schneiden. Gemüsemais und Tunfisch gut abtropfen lassen. Schnittlauch fein schneiden.

Aus Jogurt, Essig, Zitronensaft, Schnittlauchröllchen, Salz und Pfeffer eine Marinade bereiten.

In das Einmachglas schichtweise die Hälfte des Blattsalates, der Radieschen, der Gurke und des Maises füllen. Den Tunfisch darauf verteilen und mit dem restlichen Gemüse überschichten. Salat mit der Marinade übergießen, Glas verschließen und bis zum Verzehr gekühlt lagern.

TIPPS

- Der Salat sieht in einem Glas am besten aus, kann aber natürlich auch in einer Kunststoff-Dose transportiert werden.
- Mit Gebäck wird er zu einem Mittagessen im Büro.

Nährwerte pro Portion:

kcal	243
Eiweiß	18,5 g
Fett	10,5 g
Kohlenhydrate	16,8 g
Ballaststoffe	3,1 g
Cholesterin	44 mg
Broteinheiten	1,4

Keine Angst vor der Lust auf Naschen. Die Rezepte für süße Snacks helfen Ihnen, dem Gusto auf Süßigkeiten nachzukommen, ohne dabei ein schlechtes Gewissen zu haben. Unsere Müslikugeln, Mandelstangen und anderen Snacks sind gesunde süße Genüsse.

Verwendete Abkürzungen:

EL	Esslöffel
TL	Teelöffel
l	Liter
ml	Milliliter
kg	Kilogramm
g	Gramm
Pkg.	Packung
Msp.	Messerspitze

Süße Snacks

Dinkel-Bananen-Brei

1 PORTION

- 150 ml Magermilch
- 30 g Dinkelschrot, möglichst frisch geschrotet
- 1/2 Banane
- 1 TL Zitronensaft

ZUBEREITUNG:

Magermilch aufkochen, Dinkelschrot einrühren und unter ständigem Rühren auf kleiner Flamme einige Minuten köcheln und überkühlen lassen.

Banane mit einer Gabel zerdrücken, gemeinsam mit dem Zitronensaft unter den überkühlten Dinkelbrei mischen.

TIPPS

- Dieser Brei schmeckt Kindern und Erwachsenen gleichermaßen.
- Er ist eine hervorragende Alternative zu Süßigkeiten und für den kleinen Süßhunger zwischendurch.
- Er kann sowohl warm als auch kalt gegessen werden.

Nährwerte pro Portion:

kcal	196
Eiweiß	9 g
Fett	0,8 g
Kohlenhydrate	37,1 g
Ballaststoffe	3,8 g
Cholesterin	1 mg
Broteinheiten	3,1

Mandelstangen

20 STÜCK

- 2 Eier
- 250 g gemahlene Mandeln
- 250 g Staubzucker (Puder-)
- 1 EL Dinkelvollkornmehl
- 50 g Mandelblättchen

ZUBEREITUNG:

Backrohr auf 150 °C vorheizen.

Eier trennen. Eiweiße nur leicht mit einem Schneebesen verquirlen. Mandeln, Staubzucker und Mehl vermischen, leicht aufgeschlagene Eiweiße dazugeben und alles gut verkneten. Teig zu einer Rolle formen, ca. 20 Stück abschneiden und Stangen formen.

Eigelbe in einer flachen Schüssel verquirlen.

Stangen zuerst in den Eigelben und anschließend in den Mandelblättchen wenden.

Stangen auf ein mit Backpapier ausgelegtes Backblech legen und im heißen Rohr ca. 15 Minuten backen.

Nährwerte pro Stück:	
kcal	148
Eiweiß	3,7 g
Fett	8,8 g
Kohlenhydrate	13,5 g
Ballaststoffe	2,4 g
Cholesterin	24 mg
Broteinheiten	1,3

Zimtmüsli

1 PORTION

- 2 EL Haferflocken
- 75 ml Magermilch
- 2 getrocknete Datteln
- 1 TL geriebene Wal- oder Haselnüsse
- 50 g fettarmes Jogurt
- Zimt nach Geschmack

ZUBEREITUNG:

Haferflocken in Magermilch mindestens 15 Minuten einweichen (am besten über Nacht im Kühlschrank). Datteln fein hacken. Flockenmischung mit Dattelstücken und Nüssen vermischen, Jogurt unterrühren. Müsli mit Zimt nach Geschmack abrunden.

TIPPS

- Müsli ist nicht nur ein Klassiker beim Frühstück, sondern auch ein hervorragender Snack für den süßen Gusto zwischendurch.
- Durch die Verwendung von Trockenfrüchten muss das Müsli nicht gezuckert werden.

Nährwerte pro Portion:	
kcal	194
Eiweiß	7,8 g
Fett	5,1 g
Kohlenhydrate	28,2 g
Ballaststoffe	2,6 g
Cholesterin	2 mg
Broteinheiten	2,4

Müslikugeln

16 STÜCK

100 g Haselnüsse
100 g kernige Haferflocken
100 ml warme Magermilch
100 g Kokosraspel
1 EL Leinsamen
2 EL Honig

ZUBEREITUNG:

Backrohr auf 170 °C vorheizen.

Haselnüsse grob hacken und gemeinsam mit allen anderen Zutaten in einer Schüssel kräftig verrühren.

Masse ca. 30 Minuten quellen lassen. Walnussgrosse Kugeln formen und auf ein mit Backpapier belegtes Backblech legen.

Kugeln 25 Minuten backen.

Nährwerte pro Stück:

kcal	111
Eiweiß	2,3 g
Fett	8,4 g
Kohlenhydrate	6,7 g
Ballaststoffe	2,3 g
Cholesterin	0 mg
Broteinheiten	0,6